AF411400

LE REFORMATEUR.

TOME SECOND.

A AMSTERDAM,

Chez ARKSTÉE & MERKUS.

M DCC LVI.

TABLE

DES CHAPITRES

Contenus dans le second Volume.

S *Ommaire des matieres.* page 1

PREMIERE PARTIE.

CHAP. I. *Origine des Moines, causes de leur aggrandissem:nt.* 2

CHAP. II. *Suppression des Monasteres.* 14

Observation importante pour fixer démonstrativement le revenu du Clergé, & ce qu'il doit payer au Roi. 36

Extrait du dénombrement des biens & revenus de tous les gens d'Eglise, qui composent le corps du Clergé en général. 39

Déclaration des biens de tons les différens Ordres, Communautés, Membres du Clergé, par dons, legs & acquêts, non compris les Patrimoniaux, lors de l'assemblée de 1655. 42

Observation importante. 48

Observation. 59

CHAP III. *Réserves à faire dans la suppression des Monasteres.* 76

vj   TABLE

CHAP. IV. *Etablissemens des Curés, des Vi-*
caires & des Sœurs de la Charité.   84

Remarques.   90

CHAP. V. *Emploi de l'excédent des revenus des*
Monasteres supprimés.   95

SECONDE PARTIE.

CHAP. I. *De l'intérêt & de l'objet du Com-*
merce en général par rapport à l'Etat.   99

CHAP. II. *Productions de la France.*   102

CHAP. III. *De l'avantage que la France peut*
tirer des Modes.   111

CHAP. IV. *Sur la perte des Matieres d'or &*
d'argent.   122

CHAP. V. *Moyens de maintenir & augmen-*
ter les Productions & le Commerce.   131

Observation.   148

CHAP. VI. *Inconvénient des droits de sorties*
sur les denrées.   155

CHAP. VII. *Où l'on prouve que les François*
sont les premiers qui ont entrepris les
voyages de long cours.   167

CHAP. VIII. *Etablissemens de Compagnies*
puissantes pour le Commerce Maritime en
1664.   183

CHAP. IX. *Avantages particuliers de la*
Navigation.   196

CHAP. X. *Sur l'inexécution des Ordonnances*
touchant le Commerce.   200

Tarif mentionné cy contre. 217

Observation. 218

*Démonſtration du préjudice que le Tarif ac-
cordé par la paix de Riſwick a apporté à
l'Etat.* 219

CHAP. XI. *Sur la Pêche.* 229

CHAP. XII. *De l'économie des Hollandois
& de leur dépenſe pour l ur Commerce,
qui tourne au profit de la République.*
240

CHAP. XIII. *Etabliſſement de Commiſſaires
Généraux du Commerce.* 243

*Remarques concernant la longueur des Procès
& Chicanne.* 261

Fin de la Table du ſecond Volume.

LE RÉFORMATEUR.

LIVRE SECOND.

SOMMAIRE DES MATIERES.

CE second Livre sera comme le premier divisé en deux Parties : dans la premiere, on proposera une réforme du Clergé en ce qui touche le Temporel & plusieurs établissemens utiles tant aux Curés & aux Vicaires, qu'à l'instruction des peuples & au soulagement des pauvres. On traitera dans la seconde Partie, du Commerce intérieur & maritime, & on

Tome II,   A

prendra pour régle les anciennes
Ordonnances de nos Rois négligées
par nous, mais adoptées par les
Anglois & les Hollandois.

❋❋❋❋❋❋❋❋❋❋❋❋❋❋❋❋❋❋

PREMIERE PARTIE.

CHAPITRE PREMIER.

Origine des Moines ; Causes de leur aggrandissement.

LA persécution qui s'excerça
dès les premiers siécles du
Christianisme, a été le germe des
Solitaires ; l'austérité, la modestie,
l'abandon des biens temporels, le
jeûne, la priere & le travail Apos-
tolique les caractérisoient ; mais à
mesure que les siécles se sont ac-
cumulés, la corruption, inséparable

de tout corps compofé, s'eft mani-
feftée par un relâchement total ;
infenfiblement d'année en année ,
les Solitaires peu-à-peu rapprochés
du tumulte de la fociété générale,
font devenus auffi différens de leur
origine aux yeux des perfonnes fans
préjugé , que le jour l'eft de la
nuit (a).

Les premiers Solitaires étoient
Chrétiens ; ce mot renferme toutes
les vertus tracées dans les faints
Evangiles ; la pénitence , la charité,
le mépris des richeffes, la modeftie
la chafteté, la juftice ; en un mot
l'abdication de toutes les poffeffions
terreftres, la fatisfaction intérieure
de foi-même & la retraite fans

____

(a) Voyez l'Hiftoire Eccléfiaftique par M
de Fleury, tome vingtiéme, huitiéme dif
cours fur les Eccléfiaftiques *Religieux*.

aucune réserve de la société civile.

Ces Solitaires par succession de tems se font multipliés, mais avec des dispositions plus mitigées; leurs nouveaux besoins que les déserts ne pouvoient plus satisfaire les ont engagés à se rapprocher des Villes; peu-à-peu le travail des mains qui suffisoit d'abord à leur simple subsistance a cessé; la piété mal entendue leur a donné des cabanes pour retraite, leur misere causée par la paresse a attiré la compassion des personnes charitables; ils ont compensé ces bienfaits avec des promesses de prieres efficaces, auxquelles ils ont attribué la vertu d'effacer le péché inséparable de l'humanité sans la grace & les œuvres. C'est ainsi que par dégrés, ils se sont accrédités dans les Villages, qu'ennuyés de ces retraites rustiques,

ils se sont glissés dans les Cités, où
ils ont obtenu des logemens d'hos-
pitalité ; &, en augmentant leurs
promesses de conduire les ames sans
peines ni travaux à la vie éternelle,
ils sont parvenus à posséder des domaines qu'ils ont perpétuellement
augmentés, & dont ils jouissent aujourd'hui non-seulement à titre de
propriétaires particuliers , mais à
celui de hauts, moyens & bas justi-
ciers. Que leur diroient S. Antoine
& S. Pacôme, s'ils revenoient parmi
eux ? Reconnoîtroient-ils lemoindre
vestige de la discipline & des exemples qu'ils leur ont donnés ?

La réponse de Jesus-Christ sur
la durée du monde mal interprétée ,
a servi à ces pieux Fraudeurs pour
surprendre la simplicitédes hommes,
auxquels ils ont persuadé que le jour
terrible étoit proche , & en leur

promettant de les fauver des peines éternelles, moyenant l'abandon de leurs domaines & de leurs tréfors, ils fe font attiré leur confiance & leurs bienfaits.

Il falloit que les gens qui donnoient dans leurs panneaux n'euffent aucun ufage de la raifon, pour ne pas s'appercevoir que ceux qui les menaçoient du bouleverfement de la nature, n'en croyoient rien eux-mêmes : autrement que leur auroit fervi ces donations? Devoient-ils être les feuls humains réfervés pour en jouir?

Les Croifades qui ont porté de fi funeftes coups à la France, ont été une feconde reffource pour les Moines. Les perfonnes verfées dans la connoiffance des Chartres & anciens titres, fçavent qu'il s'en trouve qui contiennent des motifs de fondation qui marquent tout à la fois & l'imbécillité de celui qui donne & l'impudence de ceux qui reçoivent : l'on pourroit en rapporter un grand nombre de preuves, mais il suffit de celle-ci, elle fera connoître comment la terre de Signy qui appartenoit à un Seigneur de Châtillon, a passé en la possession des Bernardins. Lors des guerres de la Terre sainte, ce Seigneur fit un contrat avec S. Bernard ; *il lui céda à perpétuité sa Seigneurie & ses vastes domaines de Signy, & l'Accepteur s'engage en échange de le faire jouir d'autant de terrein dans le Ciel à son choix, que contenoit Signy & ce qui en dépendoit* (a).

A quel dégré de puissance tem-

____

(a) Voyez Longueruana, page 20 de la deuxieme partie.

A iv

porelle ne font-ils pas parvenus en France par l'extirpation des Albigeois, & en Espagne par l'Inquisition qui a tenu dans leur dépendance jusques aux Rois même ?

Personne n'ignore qu'autrefois dans plusieurs Provinces du Royaume, particuliérement en Flandres, les Moines accordoient aux moribonds des passeports pour l'autre monde ; si ces passeports étoient profitables à ceux qui les délivroient, ils étoient ruineux pour les familles de ceux qui les obtenoient.

Le Parlement de Rouen à cassé un testament par lequel un pere qui s'y déclare grand pécheur, exhérede son fils unique en faveur des Religieux d'un Couvent dont étoit membre le Confesseur du mourant. Ce Confesseur lui avoit persuadé charitablement que ce fils diffi-

peroit fa fucceffion par des voies
illicites & fcandaleufes ; qu'il en
feroit refponfable devant Dieu; qu'il
n'avoit d'autre voie pour fe garantir
des peines de l'Enfer , que de céder
tous fes biens au Couvent, & que
par les prieres de tous les Religieux
actuels & futurs il jouiroit des fé-
licités éternelles.

Combien nos Rois n'ont-ils pas
diminué leurs Domaines en faveur
de ces hommes inutiles qui n'ont
ni fervice ni charges publiques, &
dont les dots depuis fix à fept fiécles font forties des familles & du
Commerce, au préjudice de l'Etat,
des Arts & du peuple en général,
fans compter le défaut de propagation légitime (a)?

L'Empereur Manuel Comenes

(a) Conftance a accordé fa protection,
& des immunités aux Eccléfiaftiques qui

A v

entreprit de relever l'Eglife de faint
Irénée qui avoit été autrefois bâtie
par l'Empereur Marcion, & depuis
ruinée par le feu. *Il bâtit un Mo-
naftere en l'honneur de S. Michel; il
y mit des Moines d'une rare vertu,
auxquels il donna le moyen de vivre
dans la folitude & dans le repos.*
Comme il fçavoit que les Solitaires
perdoient quelque chofe de la tranquillité de l'efprit & de l'attention
quils devoient au fervice de Dieu,
lorfqu'ilsétoient occupés auxaffaires
temporelles ; *il laiffa à la poftérité
un exemple de la maniere dont fe doivent faire les fondations des Monaf-
téres, & de la vie qu'il faut prefcrire à*

s'occuperoient à quelque métier, ou même
qui feroient un petit commerce, non pour
s'enrichir, mais pour fe procurer une hon-
nête fubfiftance, car l'Eglife n'avoit pas
de fonds pour nourrir fes Miniftres.

ceux qui renoncent volontairement au monde.

Il étoit si éloigné d'approuver la coutume de ceux qui, faisant profession de la vie monastique, recherchent les inquiétudes qui les accompagnent avec la même ardeur que les Séculiers, qu'il renouvella une Ordonnance par laquelle Nicéphore Phocas, *cet Empereur si sage, avoit défendu aux Moines de posséder des terres & des immeubles que les tems avoient aboli.* Il ne pouvoit s'empêcher de blâmer souvent son pere & son ayeul, & ses autres parens de leur avoir assigné des terres & des prairies ; ce n'est pas qu'il se môquat de ce qu'ils avoient consacré à Dieu une partie de leurs biens, mais c'est qu'il jugeoit qu'ils n'avoient pas apporté assez de prudence à une action qui d'elle-même étoit sainte. *Il ne pouvoit souffrir qu'au lieu de placer ces Moines dans les déserts, dans le fond des cavernes ou sur la cime des montagnes, ils les eussent établis dans le milieu des Villes, ils leur eussent permis de bâtir des Eglises dans les lieux publics, d'y élever des tombeaux de marbre; de n'avoir presque plus rien de la vie réguliere que l'habit & la tonsure.*

Ces Solitaires ont entiérement dégénéré de leur institut, & lorsqu'ils se mirent à fréquenter les Villes, ils s'ingérerent dans les affaires du monde, & on ne voyoit point de procès devant les Tribunaux, ni d'affaires séculieres où l'esprit d'intrigue ne leur fît prendre quelque part; & leur audace parvint à un tel excès, qu'elle causa beaucoup de désordres & de tumultes, comme on le voit dans

Eunapius, S. Chryſoſtôme, Théodo-
ret, Zoſime, Libanius, S. Ambroiſe,
S. Baſile, S. Iſidore de Damiete, ſaint
Jerôme & autres Ecrivains. Ces dé-
ſordres obligerent enfin les Magiſtrats d'avoir recours à l'Empereur
pour les réprimer.

Rien n'eſt plus dangereux que
de donner trop de confiance, d'autorité & de crédit aux gens d'Egliſe;
ils ne manquent jamais d'en abuſer
& de mettre le trouble dans l'Etat
le plus tranquille; en voici un exemple entre beaucoup d'autres très-
mémorables dans le Patriache Jean
II. Lui & Apacoque, l'un & l'autre
de baſſe condition, après avoir ſé-
duit l' ImpératriceI rénée, ont ſi fort
ébranlé l'Empire d'Orient, qu'ils
ſont cauſe de ſa totale deſtruction
ſous le dernier Conſtantin (a).

____

(a) Voyez l'hiſtoire de l'Empereur Can-
tacuſeme.

CHAPITRE SECOND.

Suppreſſion des Monaſteres.

PErſonne ne peut révoquer en doute que le Roi ne ſoit le Chef de la Monarchie, qu'il tient ſa Puiſſance de Dieu ſeul & ſa force de ſes Sujets; qu'il ne ſe fait rien de conſidérable dans ſon Royaume ſans ſa volonté; qu'il n'eſt qu'uſufruïtier d'un Trône qu'il a reçu de ſes ayeux pour le tranſmettre à ſes Succeſſeurs, & qu'en qualité de ſubſtitué toujours mineur, il peut réclamer contre les léſions & les indûes diſtractions faites à ſes Domaines *(a)*.

La ſuppreſſion de tous les Monaſ-

(a) Voyez les Mémoires de l'Abbé de S. Pierre.

teres des deux sexes seroit d'une très-
grande utilité au Royaume, & elle
peut s'opérer sans causer aucun
préjudice aux Religieux & Religieuses, puisqu'on les laisseroit finir
leurs joursde la même maniere qu'ils
y sont engagés par leurs vœux &
avec la même aisance. Il ne s'agit
pour en tarir la source, que de
défendre *(a)* par une Loi positive
à toute Maison Religieuse des
deux sexes de n'en plus recevoir
sous quelque prétexte que ce soit,
à compter du jour qui sera fixé,
ainsi que le Roi d'Espagne vient d'en
donner l'exemple dans ses Etats *(b)*.

(a) Les Rois Goths défendirent à leurs
Sujets de s'engager ou dans l'état Ecclésiastique, ou dans l'état Religieux sans leur
permission, défense dont on voit encore
des vestiges dans le Code Théodosien.

(b) Voyez les sentimens de M. Pavillon,

Mais en supprimant les Monasteres, il faut conserver les Manses Abbatiales pour les raisons qu'on expliquera bientôt.

Il y a dans le Royaume plus de cinq cent mille personnes des deux sexes engagées dans la vie Religieuse qu'il convient de faire rentrer dans la société à laquelle ces personnes sont extrêmement à charge à tous égards, & par rapport aux biens immenses qu'elles possédent, & qu font perdus pour l'Etat, & par le défaut de population, qui en est une des principales richesses *(a)*.

Evêque d'Alet sur l'inutilité des Moines dans son Histoire imprimée à Utrecht en 1739 premier vol. page 395. Voyez aussi le Témoignage de la Vérité.

(a) Les gens d'Eglise en général, Réguliers & Séculiers, jouissent du tiers au moins des biens du Royaume. Voyez les

En général ils jouiſſent d'un tiers des fonds du Royaume, & les Mendians ne ſubſiſtent dans l'oiſiveté, qu'aux dépens du public, ſans lui procurer aucun avantage : ils anéantiſſent la quarantiéme partie de la Nation, ſans pouvoir jamais la réparer.

Il ſuffit d'avoir des Prêtres doctes & vertueux, pour enſeigner & conſerver le dépôt ſacré de la Religion. Ils ſont également utiles à la ſociété pour le ſpirituel & le temporel : leurs biens circulans comme celui des Laïcs, ils ne ſont répréhenſibles que par la poſſeſſion de pluſieurs bénéfices ſur la même tête, ce qu'il eſt aiſé d'empêcher.

Pouilliés des Evêchés & Archevêchés, & les Regiſtres des Bénéfices qui ſont à la nomination du Roi. Dans le ſeul Cambreſis la quantité de charrues tournantes eſt de 1700, dont 1400 appartiennent au Clergé.

On peut auffi leur ôter fans fcrupule les droits de fiefs, tels que ceux de Cenfive, de Juftice, de Chaffe & de Pêche, &c. Poffeffions contraires à l'état Eccléfiaftique *(a)*, réunir ces droits aux Domaines de la Couronne, ou les vendre aux Poffeffeurs des fiefs à portée d'en jouir.

Or, comme les vœux du Célibat ne font point de commandement divin, ni néceffaires au falut, puifque le Créateur lui-même a ordonné de *croître & de multiplier* ; ce n'eft que par décence pour les faints Myfteres que le Concile d'Elvire en Efpagne dans le quatriéme fiécle a ordonné le Célibat, cependant

---

(*a*) Voyez les bornes qu'on doit mettre aux richeffes du Clergé, Livre 25 chap. 5 de l'Efprit des Loix.

il n'a pas été suivi exactement, puisque dans les 9ᵉ, 10ᵉ, 11ᵉ & 12ᵉ siécles
il étoit ordinaire que les Prêtres
non vivans en Communauté fussent
mariés ; ceux qui étoient nommés
Canonici ne l'étoient pas ; cela se
voit dans un statut de l'Evêque
Lanfranc, quand Philippe-Auguste
fit la Conquête de la Normandie
en 1204. Il y avoit un grand nombre d'Evêques mariés ; ils ne se sou-
mirent à la volonté de l'Eglise que
dans le quatorziéme siécle : cette
défense a été faite, afin qu'ils s'appli-
quassent entiérement aux devoirs res-
pectables du Sacerdoce & à l'instruction des Fidéles, sans être distraits
par l'embarras & l'avancement
de leurs familles, lesquelles ne doivent être composées que de pauvres
qui ont besoin de secours temporels & de consolations spirituelles ;

c'est donc aux Prêtres seuls que cette
distinction a été réservée , & non
à une multitude d'hommes & de
femmes, ignorans & reclus par contrainte ; la plûpart sacrifiés par leurs
parens, avant que la raison ait
éclairé leur jugement, qu'ils ayent
connu toute l'étendue de leurs en-
gagemens, ou encore par des vues
ambitieuses des Chefs de familles,
qui, pour élever leurs aînés, font
civilement mourir leurs puînés :
d'autres préferent le Cloître, ou
parce qu'ils manquent de courage,
ou par défaut d'émulation nécessaire à l'étude, aux sciences & aux
arts , ou par une paresseuse non-
chalance que les années détruisent :
d'autres encore par l'emportement
momentané d'un dépit amoureux
qui fait naître la vocation ; mais
bientôt le tempérament, quelque-

fois la raison, la réflexion lui fub-
ftituent un défefpoir qui ne finit
qu'avec la vie *(a)*. Telles font les
différentes caufes générales & particulieres qui font fourmiller les
Couvents de l'un & de l'autre fexe,
où regnent l'envie, la jaloufie, le
défaut de charité, de tranquillité
& le tyrannique defpotifme des Supérieurs.

Le Roi étant le Chef de fes Etats
& le fouverain Légiflateur après
Dieu, peut, à l'exemple des Empereurs depuis le Grand Conftan-
tin, réformer, comme ils ont fait,
les abus qui fe font introduits
contre la Majefté de la Religion,

(a) L'Empereur Majorian fit une Loi
touchant les Communautés Religieufes,
dans un article il défend de donner le
voile avant 40 ans accomplis.

la prospérité de la Monarchie & l'avantage des peuples ; il peut même en exiler, en dégrader les perturbateurs *(a)*.

Il est certain que tout ce qui n'est point de commandement divin ni contraire à la foi, mais qui tend à une plus grande perfection pour le gouvernement des Empires, doit prévaloir par toutes sortes de considérations sur des établissemens imaginés par quelques visionaires, & surtout lorsque ce que l'on abroge *n'est ni de foi ni de commandement divin, ni nécessaire au salut.* Or, comme il n'est pas de commandement divin, ni nécessaire au salut qu'il y ait des Moines & des Reli-

---

(*a*) Voyez sur la discipline Ecclésiastique, Justinien, Nicéphore, Phocas, Manuel Comenes, Michel, Andronic, &c.

gieufes, puifque Dieu ne l'a point
ordonné, & que la foi ne l'exige
pas; il s'enfuit néceffairement que
l'on peut les fupprimer; car les Loix,
que le Prince qui gouverne, eft
obligé de faire pour l'ordre & la
profpérité de fon Empire & de fes
Sujets, font préférables à ce qui ne
tend qu'à leur ruine, loin de ref-
pecter de fauffes idées de préten-
dues perfections conçues par des
particuliers qui ont fait au préjudice de la fociété & du bon fens
l'établiffement des différens Ordres
Religieux, imaginé la diverfité de
leurs régles, feveres, modifiées ou re-
lâcheés, & la variété bizarre de leurs
uniformes. Enfin comme le grand
nombre des différens Moines & Religieufes bleffe abfolument l'intérêt
de l'Etat fans néceffité au falut,
fans davantage affermir la foi ni

rendre les hommes plus vertueux ; il eſt de la ſageſſe, de la prudence & de la juſtice du ſouverain Légiſlateur politique, d'éteindre les Couvents , les Moines & les Religieuſes, parce qu'ils ſont à charge au public & de nulle utilité à l'Egliſe.

L'Egliſe elle-même doit s'unir au Monarque pour l'extinction propoſée. On verra dans la ſuite l'avantage qu'elle & le Royaume en général en retirera.

L'autorité ſpirituelle des Evêques & leur ſéjour dans leur Diocéſe eſt auſſi néceſſaire à la Religion , que l'abus des poſſeſſions de pluſieurs bénéfices par la même perſonne eſt criminel.

Ce n'eſt point par la magnificence d'un Palais, où la délicateſſe & la profuſion ſe ſurpaſſent, par une ſuite nombreuſe, par des équipages

leſtes

lestes & brillans, & par la possession
de vastes domaines que les Evêques
deviennent agréables à Jesus-Christ
& se font respecter des Fidéles; c'est
par une foi pure, l'austérité des
mœurs, la modestie, la charité;
en un mot, les œuvres Apostoliques,
la résidence perpétuelle dans leur
Diocése *(a)*, l'exercice de leur
devoir qu'ils peuvent engager ceux
qui travaillent sous leur direction à
remplir les obligations des bons
Pasteurs, en visitant les pauvres,

____

(a) Justinien, ce grand Législateur, a
défendu par une Loi positive aux Evêques
de venir à la Cour sans permission expresse,
à peine d'encourir son indignation & d'être
excommuniés par le Métropole. Cette défense étoit fondée ainsi qu'il l'explique sur
le tort que l'absence de l'Evêque cause à
son Diocése, par rapport aux dépenses que
les séjours à la Capitale les engagent de
faire, ce qu'ils doivent employer à soulager les pauvres.

Tome II.   B

leur portant les secours spirituels pour purifier leurs ames, & les temporels pour adoucir leur misere : ce sont-là les seuls motifs des dons faits par nos Rois & par nos ancêtres au Clergé Régulier & Séculier.

Ces biens par succession de tems, se sont si prodigieusement accrus qu'ils surpassent les Domaines du Souverain & une partie de ceux des sujets : or ces mêmes biens qui appartenoient primitivement à l'Etat, & qui en sont indivisibles, circuloient dans le Public; ils étoient assujettis aux besoins de la nation en général, de nombreuses familles en jouissoient, un grand nombre de peuples y employoient leurs talens; ils y trouvoient leur subsistance & le germe de leur fortune : les impositions étoient réparties sur le général, & chacun en particulier n'en supportoit qu'une petite portion ; mais depuis le retranchement d'un tiers qui a été amorti, l'équilibre eſt entiérement perdu ; les familles affoiblies & vexées d'un autre côté par les gens d'affaires, ſuccombent ſous le fardeau (*a*).

Il eſt de la juſtice & de l'intérêt du Roi & de l'Etat, de donner des bornes à l'ambition du Clergé, en retirant de ſa poſſeſſion les titres honorifiques de juſtice, de cenſive, de chaſſe, de pêche, &c. en leur laiſſant ſeulement une portion de

____

(*a*) Dans le vaſte Empire de la Chine, qui ſubſiſte depuis près de cinq mille ans, il n'y a point de privilége ; toutes les terres ſont aſſujetties aux impoſitions, même celles deſtinées aux temples & à l'entretien du Clergé : l'eſprit de cette maxime ſuivant le Pere le Comte Jeſuite, eſt de faire fleurir le commerce.

l'utile, & en faisant rentrer ces titres & ces droits dans la société en faveur de la Noblesse qui en a été dépouillée par la foiblesse de ses ancêtres ; elle en fera un usage plus avantageux au corps entier de la Monarchie, au commerce, aux arts & à l'agriculture, que n'est l'entretien du luxe du haut Clergé, & de la mollesse opulente des Moines.

Les Ministres de l'Eglise n'ignorent pas que l'ordre naturel est pour toutes les choses naturelles & humaines, & l'ordre surnaturel pour toutes les choses surnaturelles & divines ; ce dernier ne concerne que les choses de foi, il faut donc suivre l'ordre naturel dans tout le reste.

Quel est cet ordre ? C'est que le membre obéisse au chef ; cela veut dire que l'Eglise qui est un membre de l'Etat, doit s'affujettir aux loix du Magiftrat politique, qui eft le chef de l'Etat.

Dieu a rendu les Princes refponfables de la conduite de leur Etat, & il leur a laiffé la liberté d'ordonner toutes les chofes néceffaires à leur confervation, lorfqu'elles ne font pas contraires à fes commandemens.

David n'a point fait difficulté de manger les pains de propofition dans une néceffité; & cet exemple qui eft canonifé dans l'Evangile par la propre bouche du Fils de Dieu, nous apprend qu'il n'y a point de loix, point de priviléges qui ôtent l'ufage des biens temporels aux Rois dans un befoin de l'Etat.

On ne peut nier que les biens de l'Eglife ne foient tenus de contribuer à la défenfe de l'Etat, non-feulement par droit naturel pour partager la dépenfe [de fa propre confervation , mais encore parce que les fonds Eccléfiaftiques n'appartiennent à l'Eglife qu'à raifon de fatisfaire aux charges réelles : or il n'y a pas de charge plus réelle que celle de contribuer à la défenfe & au foutien de l'Etat, puifque cette condition n'eft autre chofe que la confervation de fes fonds même ; les biens de l'Eglife étant donc tenus de contribuer à la défenfe de l'Etat, on ne peut pas nier non plus que cette obligation ne foit *une obligation civile & temporelle*, & que le droit de proportionner cette obligation au tems & aux befoins, ne foit une dépendance néceffaire du Gouvernement politique, dans lequel toutes les obligations civiles & temporelles font foumises à la volonté & à la prudence du Souverain (*a*).

Saint Chrysostôme & plusieurs Peres de l'Eglise ont préjugé dans les cinquieme & sixieme siécles les désordres que les possessions des biens temporels par les Ecclésiastiques, apporteroient dans la pureté de la foi (*b*).

Les Canons de l'Eglise n'ont cessé de s'élever contre ces pernicieux abus, & l'on s'apperçoit aujourd'hui de la réalité de ces préjugés, éga-

---

(*a*) Jesus-Christ a payé pour lui & pour S. Pierre, ainsi que le rapporte S. Matthieu chap. 17, par ces paroles : *Da eis pro me, & pro te.*

(*b*) Voyez les Sermons de S. Chrysostôme, les discours d'Arnauld d'Andilly, & l'Histoire de l'Eglise par l'Abbé de Fleury. Voyez aussi la cinquante-deuxieme Lettre de l'Empereur Julien aux Bostes.

lement dans le spirituel & dans le temporel.

Les Remontrances du Clergé, possesseur de biens immenses, n'ayant d'autre but que d'exempter ceux qui le composent des charges publiques, n'ont rien de solide : ils sont sujets, ils doivent concourir aux nécessités de la Monarchie; s'ils ont sçu se procurer des domaines, des fiefs, & des titres de possessions purement temporelles, dans des tems de ténèbres où les hommes étoient devenus leurs esclaves; si depuis, les Rois prédécesseurs de notre Souverain, n'ont pas fait attention à ces usurpations graduées (a); si Sa Majesté elle-même,

____

(a) *Chilpéric, petit fils de Clovis, se plaignoit déjà que ses biens avoient été donnés à l'Eglise; notre fisc est devenu pauvre, il n'y*

lors de son Sacre , dans un âge où
elle n'avoit pas encore pris connoissance du Gouvernement , à
souscrit à la formule qui ne peut jamais nuire à des droits légitimes ;
cette formalité ne lui ôte pas le
pouvoir de réformer des abus infiniment préjudiciables à sa Couronne, à ses sujets , & à l'Etat en général. (*a*). Rien ne peut l'empêcher
de révoquer des dons & des priviléges surpris & devenus insensiblement intolérables , malgré l'alléga-
tion frivole & mal interpretée des
immunités de l'Eglise , de la liberté
& du respect dû au Sacerdoce, ob-

_a plus que les Evêques qui regnent ; ils sont
dans la grandeur, nous n'y sommes plus._ Voyez
l'Esprit des Loix, chap. 9 & 10 du XXXI Liv.

(*a*) Voyez l'Esprit des Loix , chap. 5. du
vingt-cinquiéme Livre. Les bornes que l'on
doit mettre aux richesses du Clergé.

jets tout-à-fait diftincts & féparés de ce qui a rapport à la jouiffance d'un temporel condamné par les faints Peres & par les faints Canons (a).

Il eft étonnant que les Evêques qui font familiers avec les fciences mondaines, n'ayent pas réfléchi, en compofant en 1750 leurs Remontrances fur les nombres proportionnaux, & qu'ils ayent cru en impofer à Sa Majefté, en alléguant que depuis le commencement de ce fiécle jufqu'à préfent, le Clergé a fourni à l'Etat deux cens cinquante millions, ce qui ne fait que cinq millions par an ; tandis que poffédant une bonne partie des biens fonds du Royaume, fon revenu net, évalué très-modérément,

____

(a) L'on trouvera dans les Novelles de Juftinien fur la difcipline du Clergé, qu'il suivant le détail cy-après, monte chaque année à quatre cens neuf millions six cent mille livres (*a*), pour lequel il auroit dû payer en proportion des Curés pendant les cinquante premieres années de ce siécle quatre milliards 96 millions.

Mais en n'imposant le Clergé depuis 1750, qu'au vingtieme de ses revenus, il doit payer par année 22 millions 480 mille livres, & pour les cinq années 112 millions 400 mille livres : or ne payant que

---

exclud toute propriété aux Evêques, aux Clercs & aux Moines.

(*a*) S'il étoit possible de connoître le revenu réel & effectif du Clergé, (car les Pouillés ne le portent pas à sa juste valeur) il faudroit au moins augmenter d'un tiers le calcul, & par une suite nécessaire, le produit du vingtiéme auquel ils doivent être assujettis.

huit millions, ils font donc un tort à
l'Etat de 104 millions 400 milles
livres ce qui mettroit Sa Majesté en
état de soulager les pauvres habitans de la campagne, en diminuant
les Tailles qui les accablent.

*Observation importante pour fixer dé-
montrativement le revenu du Clergé,
& ce qu'il doit payer au Roi.*

Suivant la Déclaration du mois
d'Août 1750, concernant l'imposition du dixieme sur les biens fonds
en général, il est prouvé que ceux
possedés par le Clergé doivent contribuer également sans distinction
ni exception; sur ce pied il devroit
avoir été imposé chaque année pour
les besoins de l'Etat à 40 millions
960 mille livres; cette contribution pendant vingt ans seulément
que le dixieme a été perçu à

différentes reprises, monte à 819
millions 200 mille livres, qui auroient dû entrer au Tré-
sor Royal, cy . . . .   819,200,000.

 Or suivant le Pro-
cès - verbal & les Re-
montrances du Cler-
gé, lors de l'Assemblée
de 1750, il est convenu
n'avoir payé dans le
cours de cinquante an-
nées du présent siécle
que 250 millions seule-
ment, cy   250,000,000

 Comme ces 250 mil-
lions ne remplissent
pas à beaucoup près le
dixiéme, qu'a-t-il donc
payé? Rien, puisque ce
qu'il a payé ne rem-
plit seulement pas le
dixiéme ; partant en
lui faisant grace du

paſſé, il redoit à impu-
ter ſur ce dixiéme 569
millions, 200 millle
livres, cy.............   569,200,000

A quoi il faut ajouter
ce qu'il doit payer pour
les trente-cinq autres
années de ce ſiécle, ſur le
pied du vingtiéme ſeule-
ment ; ce qui fait par
an 20 millions 480
mille livres, ainſi qu'il
ſera cy-après juſtifié ;
partant cette ſeconde
époque de trente cinq
ans, y compris l'année
1755, il doit 716 mil-
lions, 800 mille livres
cy............   716,800,000
                ─────────────
                1,286,000,000

ſur quoi il vient de payer
ſeulement 16 millions cy.   16,000,000
                ─────────────
                1,270,000,000

Le Clergé redoit donc pour les deux époques un milliard 270 millions.

Cet exposé paroîtra d'abord un paradoxe, mais on en va voir la preuve démontrée & soutenue sur un titre qui ne sera pas suspecté, ni contesté, puisqu'il a été produit par le Clergé même, lors de son Assemblée, tenue par ordre de Louis XIV, en l'année 1655.

Extrait du dénombrement des biens & revenus de tous les gens d'Eglise qui composent le corps du Clergé en général.

Il y a vingt-trois Archevêchés Métropolitaines, dont dix-huit en France, trois en Pays étranger, Treves, Mayence, & Terragonne, & deux hors du Continent, sçavoir, Claudeopolis en Asie, & Carthage en Afrique.

Cent dix-huit Evêchés, seize Abbayes Chefs d'Ordre, ou de Congrégation Religieuses, treize cent cinquante Abbayes Régulieres, compris seize Abbayes Royales, cent quarante mille Cures ou Paroisses, douze mille quatre cent Prieurés, deux cent cinqnante-six Commanderies de Malthe, cinq cens cinquante-sept Abbayes des deux sexes, quinze mille deux cent Chapelles, sept cens Couvens de Mendians (a).

Dans ce que dessus ne sont point

(a) Un très-habile Politique a dit que plusieurs de ces Moines étoient autant de sangsues qui dévoroient & qui consumoient dans leur oisiveté la plus pure substance, c'est-à dire, le plus clair produit de l'Etat. Il ajoute cette remarque importante pour les Souverains, que c'étoit autant d'antagonistes secrets, les plus dangereux ennemis de la Monarchie & de la Puissance temporelle, que l'on nourrissoit dans l'Etat contre tre la regle de la vraie politique.

Pour en diminuer l'abus, il faudroit suivre l'exemple du Roi d'Espagne, qui a dé-

comprife les Congrégations de l'O-
ratoire, des Miffions Etrangeres,
l'Ordre de S. Lazare, de la Doctrine Chrétienne, les Séminaires,
les Dignitaires & les Chanoines
des Métropoles & des Collégiales.

*Déclaration des biens de tous les dif-
férens Ordres, Communautés Mem-*

---

fendu de recevoir aucun Religieux ni Religieufes, pour procurer le repeuplement
de fes Etats.

GAZETTE D'UTRECHT N°. LXVI.
Du Vendredi 16 Août 1754.

Article de Madrid du 26 Juillet. Il paroît
une Ordonnance du Roi, par laquelle
Sa Majefté défend à toutes les Communautés Religieufes de recevoir aucun Novice,
ou Profès, pendant l'efpace de dix années.

Sa Majefté a jugé cet arrangement néceffaire au bien de fon fervice, afin de pré-
venir que la pareffe & l'oifiveté ne rem-
pliffent les Couvens d'une multitude de fujets qui pourront être employés d'une maniere avantageufe à l'Etat.

bres du Clergé, par dons, legs, &
acquêts, non compris les Patrimoniaux, lors de l'Assemblée de 1655.

Sçavoir,

9000 Châteaux,
250000 Métairies ou Fermes,
17000 Arpens de Vignes,
3000 Arpens de Vignes,
dont il retirent tous les ans le tiers,
du produit.

Plus les Cens annuels, Droits
seigneuriaux & les Dixmes.

Le revenu de ce bien, suivant la
même Déclaration, montoit à 92
millions d'écus ou 276 millions de
France, de ce tems-là

à 3 livres cy 276,000,000

Et la réserve portée par
les baux à 12 millions
d'écus, qui, réduits en li-
vres tournois, font 36,000,000

Ces articles seulement   312,000,000

montoient à 312 millions fans y comprendre les produits annuels des bois, des moulins, des tuileries, forges, fciries, fours bannaux, preffoirs, &c. que ces gens de main-morte font ordinairement valoir par leurs mains.

Comme la France s'eft beaucoup aggrandie depuis 1655, par les conquêtes de l'Alface, Franche-Comté, Rouffillon, d'une partie de la Flandre, du Haynault, de l'Artois, & par la réunion de la Lorraine & du Barois, conféquemment l'Etat a été augmenté d'un grand nombre de Prieurés, d'Abbayes Séculieres & Régulieres des deux fexes, ainfi que de Maifons, & Couvens de différens Ordres poffédans des Domaines. Les biens & revenus font donc au moins à deux cent millions d'augmentations des produits annuels, eu égard à la valeur & au produit actuel des fonds, presque doublé depuis un siécle (*a*); ainsi l'on peut porter avec équité les revenus du Clergé de France à cinq

cens douze millions, cy   512,000,000

La preuve s'en trouvera dans la Déclaration exactement vérifiée qu'il faut obliger chaque possesseur de donner séparément, certifié véritable aux peines qu'on expliquera cy-après.

Mais sur cette somme, il convient de déduire le cinquieme, par rapport aux charges des bénéfices, leur desserte, l'entretien, répara-

---

(*a*) Les 312 millions de revenus qu'a-voit le Clergé en 1655, le prix du marc d'argent fin étant pour lors à 28 liv. 13 fols 8 den. & aujourd'hui à 54 liv. 6 f. rendent 590 millions 642 mille 650 liv. Ainsi l'augmentation de leurs revenus est de 278 millions 242 mille 650 liv. de plus qu'en 1655.

tions, décorations des Eglifes, ornemens, linge fervant au Service
divin, &c. Tel eft véritablement
& uniquement l'immunité de l'E-
glife Apoftolique que le Clergé
eft en droit de réclamer, & qu'un
Roi Très-chrétien foutiendra toujours par refpect dû à la Religion :
ce cinquiéme à déduire eft de 102
millions 400 mille li-
vres, cy 102,400,000

Refte donc en bien
purement temporel, fuf-
ceptible de contribu-
tion pour les befoins &
les Charges de l'Etat
409 millions 600 mille
livres, cy 409,600,000

512,000,000

Le dixieme de cette fomme
monte à 40 millions 916 mille li-

vres par an ; mais pour que l'impofition foit égale & univerfelle dans tout le Royaume, on fuppofe que le Roi voudra bien traiter à l'avenir le Clergé, comme fes autres fujets, c'eft-à-dire, de n'en exiger que le vingtiéme en tous tems, pour tenir lieu des prétendus Dons gratuits, quand même le vingtieme feroit fupprimé en France ; ainfi il ne devra payer annuellement, à commencer au mois de Janvier 1756, que 20 millions 480 mille livres.

Plus un dernier Don gratuit de cent millions, qu'il remettra au Tréfor Royal dans le cours de dix années, à commencer en 1756, foit en efpeces ou en acquit des dettes de l'Etat, qui lui feront indiqués, & ce par forme d'indemnité, *d'un milliard 270 millions* ; ce qui

est très-moderé en comparaison de
ce qu'il auroit dû payer dans les
plus preſſans beſoins, pour l'impoſition générale du dixieme pendant
vingt années, & du vingtiéme pendant trente-cinq années.

Pour connoître l'étendue de la
grace que le Roi feroit au Clergé,
& le droit qu'il auroit de tout exiger, il ne faut qu'examiner l'Hiſtoire Eccléſiaſtique & Politique, &
celle des Conciles.

Et pour faciliter au Clergé les
moyens de ſatisfaire aiſément au
payement des cent millions pendant les dix années preſcrites, il
faudroit à l'exemple de la Reine de
Hongrie, permettre aux héritiers
& ayans-cauſe de ceux qui ont fait
des dons, des legs, & des ventes &
autres alienations en faveur des
Chapitres, Communautés & autres

bénéfices, de retirer ces biens pour la même valeur stipulée par les contrats de vente; ceux donnés & légués au prix qu'ils valoient alors, étendre même ces retraits en faveur des Seigneurs laïques, dans la censive desquels ils sont situés.

OBSERVATION IMPORTANTE.

Rien n'est plus opposé à l'autorité Royale, que la liberté qu'on laisse au haut Clergé de régler les impositions, & de disposer du produit; la preuve qu'on vient de donner de l'immensité de son revenu, démontre en même tems la disposition condamnable des recouvremens & de l'emploi inconnu; il est de fait que le haut Clergé ne contribue point, ou que leur contribution & celle des Bénéficiers du second Ordre, ainsi que des Comnautés

munautés Religieuses, sont infidel-
lement régies, ou par les Receveurs
de décimes, ou par ceux chargés
de l'œconomie de l'administration,
puisque ce que le Clergé impose
pour les décimes, monte par année
à 40 millions 960 mille livres, ainsi
qu'il vient d'être prouvé, déduction
faite des charges, ce qui forme pendant cinq années la somme de
204 millions 800 mille
livres, cy 204,800,000

Le Clergé n'a payé que 16 millions
dans lesquels les Curés à portions
congrues, ou jouissant du gros, ont
fourni réellement 28 millions pendant les cinq années.

Sçavoir:

On suppose 70. mille Curés, jouissant du gros, imposé seulement à
50 livres par année, les cinq années

monteront à 17 millions 500 mille livres, & 70 mille Curés à portion congrue imposés à 30 livres par année (quoiqu'il y en ait beaucoup qui payent 60 livres,) rendront les cinq années 10 millions 500 mille livres ; on voit donc que ce sont ces zélés Ouvriers de la vigne du Seigneur chargés du plus pesant fardeau des saints Ministeres, qui payent eux seuls, malgré leur chétif revenu, 28 millions pendant cinq années, ce qui fait douze millions de plus que les 16 millions que le Clergé vient de payer sous la dénomination impropre & insoutenable de *Don gratuit* ; lesquels 12 millions servent à payer une bonne partie des décimes & la capitation que le Clergé doit payer.

Mais portons néanmoins la totalité des 16 millions à sa décharge,

il reftera toujours un déficit de 188
millions 800 mille livres,

cy 188,800,000

Or le haut Clergé ne fait point
de grace aux Bénéficiers, non plus
qu'aux Curés & aux Communautés
Religieufes : donc l'adminiftration
eft infidelle (a).

Je n'entrerai point dans un plus
grand détail à cet égard, c'eft au

(a) Au moyen des déclarations particulieres de chaque Poffeffeur de Bénéfices &
de chaque Communauté qui poffédent
des biens de l'Eglife, la répartition fera
plus exacte ; il ne fera plus néceffaire de
convoquer d'Affemblées nombreufes, qui
coûtent beaucoup, qui fortifient les brigues.
Les Evêques refteront dans leurs Diocéfes
pour veiller fur leurs troupeaux & les édifier :
c'eft dans cet efprit que l'Empereur Juftinien défendit expreffément aux Evêques de
paroître à fa Cour fans fon ordre, afin
de leur épargner les dépenfes qu'ils y fai-
foient & qu'ils devoient appliquer au foulagement des pauvres.

Roi & à ſes Miniſtres qu'il appartient de remédier à un ſi monſ-
trueux déſordre, en faiſant un Réglement général & uniforme, tel que
le vingtieme des revenus Eccléſiaſ-
ſtiques.

Ce ſera toujours une impoſition
juſte, médiocre, proportionnelle &
invariable, qui refluera d'autant à la
décharge de fidéles Sujets, leſquels
ſupportent tout le fardeau du travail & des contributions qui doivent
être également réparties ſelon les
poſſeſſions des biens réels & des
revenus.

Pour parvenir à cette impoſition
générale & invariable, la plus équi-
table qu'on puiſſe imaginer pour
l'Ordre Sacerdotal, il convient d'ordonner que tous les Archevêques,
Evêques, hauts, moyens & petits Bénéficiers, les Curés, les Fabriques,

les Titulaires d'Abbayes, de Prieurés, les Chefs de Communautés
Séculieres & Régulieres, les Cha-
noines&Chapelainsdonnent chacun
une déclaration articulée des biens
fonds réels, rentes & revenus, de
quelque nature qu'ils foient, dont
chacun en droit foi eft en poffeffion
& jouiffance, ou par leurs mains
ou par celles des Fermiers; en quelques lieux qu'ils foient fitués, juf-
tifiant des rentes ou redevances dont
ils peuvent être chargés, & de cer-
tifier véritables ces déclarations où il
ne fera rien obmis, à peine de faifie
de l'obmiffion, & de réunion au
Domaine de la Couronné.

Les Immunités de l'Eglife n'ont
aucun rapport aux biens temporels;
d'ailleurs on a fait cy-devant dif-
traction d'un cinquieme pour les
raifons cy-deffus exprimées, & il

fera pareillement déduit fur lefdites déclarations ; ainfi il ne refte plus aucun prétexte qui puiffe empêcher les perfonnes liées dans les Ordres facrés de fupporter les contributions néceffaires pour la fûreté & l'avantage de l'Etat, dont la répartition doit être faite fans dictinction fur chacun de ceux qui le compofent, ni fans pouvoir s'en difpenfer : afin que chaque Contribuable dans la Hiérarchie du Clergé Séculier & Régulier, & même les Pourvûs de Commanderies des Ordres de Malthe, de S. Lazare & du S. Efprit de Montpellier ne puiffent fe plaindre du défaut d'exactitude de l'impofition, il convient de former un état général par Diocéfe des déclarations Eccléfiaftiques, defquelles expédition fera remife à chaque Intendant des Provinces, où les Bénéfices, Cures, Commu-

nautés & Chapitres feront fitués ;
duquel Etat fera fait des Extraits de
chaque article où feront rapportés
par tenans & aboutiffans les héri-
tages, & par quotité les rentes &
redevances, pour être lefdits Extraits
imprimés, affichés dans les Eglifes
ou Chapelles, fur un lieu apparent *(a)* ;
permettant à celui ou à ceux qui fe
trouveroient furchargés par ce rolle
de faire leur remontrance au Roi
ou à fon Confeil, comme auffi à
tous Particuliers Laïques ou Eccléfiaftiques qui découvriroient desob-
miffions dans les déclarations, de
donner avis à l'Intendant de la Province dans laquelle la chofe obmife
fera fituée. L'Intendant, après véri-
fication faite, expédiera une Ordonnance pour en faire jouir celui

---

(a) Quelques Evêques en ont agi ainfi.

qui aura fait la dénonciation ; &
ce, pendant sa vie seulement, comme
tenancier des Domaines de la Couronne, attendu la réunion *ipso facto*,
en payant pendant sa vie uniquement le vingtieme ; & après sa mort
le Procureur de sa Majesté au Bureau
des Finances fera faire l'adjudication
desdites possessions viageres au plus
offrant, pour en jouir par lui, ses
héritiers, où ayant cause.

Je ne puis mieux terminer ce
précis, que par une remarque tirée
du célébre Hincmar, Archevêque de
Reims : voici ses termes.

» Si par la faveur du Souverain,
» les gens d'Eglise possedent des
» biens, ils ne peuvent se dispenser
» d'en payer les subsides que les
» Rois imposent sur eux pour la
» défense & le soutien de l'Etat ;
» ces tributs que nous appellons

» improprement *Dons annuels*, il
» faut, ajoute-t il, que nous les payions
» à nos Souverains, de même que
» les peuples. »

» *Si per jura Regum, Ecclefiaftici*
» *poffident poffeffiones, non poffunt ut*
» *Regi de Ecclefiafticis poffeffionibus*
» *obfequium non exibeant*; il ajoute,
» *causâ fuæ defenfionis, Regi de Rei-*
» *publicæ vectigalia quæ nobifcum*
» *annua dona vocantur, præftat Eccle-*
» *fia, fervans quod jubet Apoftolus*; *cui*
» *honorem*; *cui vectigal præftate Regi*
» *ac defenforibus veftris.*

On doit remarquer que le revenu
du Clergé qui n'a ni Troupes, ni
Places fortes à entretenir, déduction faite de 102 millions pour
leurs befoins, monte clairement &
net à la fomme de 409 millions
fix cens mille livres
cy 409,600,000

D'autre part 409,600,000

& que le Roi pour toutes les dépenses de l'Etat n'en a qu'environ 300 millions, cy . . . . 300,000,000 ainsi le Clergé est plus riche que le Souverain de 109 millions 600 mille livres, cy 109,600,000

409,600,000

L'on ne peut passer sous silence l'ardeur démesurée & condamnable qu'ont les Ecclésiastiques en général pour la pluralité des Bénéfices sur la même tête. Il est décidé par les saints Conciles, & c'est le sentiment universel des Peres de l'Eglise, que les translations des Evêques d'un Evêché peu considérable à un plus important, celle d'un

Curé d'une petite Paroiſſe à une plus lucrative, doivent être conſidérées comme un adultére commis par ceux qui ſollicitent & qui acceptent ces changemens *(a)* : il s'enſuit par une juſte conſéquence, que la poſſeſſion de pluſieurs Bénéfices eſt défendue par les Canons des mêmes Conciles.

OBSERVATION.

LES Evêques en cette qualité ont une autorité ſpirituelle ; mais comme ils ne l'obtiennent, malgré leur titre faſtueux, que parce que le Roi veut bien les choiſir entre ſes ſujets pour la leur accorder, ils ne ceſſent d'être

---

(a) Voyez l'Inſtitution des Princes par l'Abbé du Guet dans la IV. Partie du tome II. page 585.

toujours comme auparavant assujettis à Sa Majesté pour le temporel,
qui appartient primitivement à
l'Etat ; ce temporel qui en fait partie doit nécessairement contribuer
à ses besoins, de même que celui
de tous les autres sujets en général,
sans que les Evêques & tout le Clergé puissent s'en dispenser sous prétexte des Immunités de l'Eglise (a).

Ces Immunités n'ont aucun rapport avec le temporel dont ils jouissent ; les Apôtres, les premiers Evêques, que ceux d'aprésent se glori-
fient de représenter, n'en ont connu que de relatives à la liberté du

____

(a) S. Paul oblige indistinctement aux
tributs dûs aux Princes, non par devoir de
politique, mais par devoir de conscience,
parce que ceux qui y résistent, résistent à
l'ordre de Dieu, & attirent sur eux sa
malédiction.

Sacerdoce. Ils ne poſſédoient aucun bien terreſtre ; ils ne vivoient que d'aumônes, dont ils ne ſe réſervoient que le ſimple néceſſaire pour leur ſubſiſtance, donnant le ſurplus aux pauvres ; ils n'avoient ni le faſte des Rois, ni l'orgueil des Satrapes ; ils étoient charitables, modeſtes, ſobres, continens ; ils avoient, en un mot, toutes les vertus chrétiennes, & leurs beſoins étoient extrêmement bornés ; mais leurs charités étoient d'une immenſe étendue : ils ne s'oppoſoient aux volontés des Empereurs, qu'en ce qui donnoit atteinte à la pureté de la foi. Ils obſervoient l'Evangile ; on voit dans celui de S. Matthieu. Chap, XIII.

Que le Fils de Dieu a voulu que ſon Egliſe eût la ſimplicité, & ſelon le monde, la foibleſſe des enfans ; il lui a donné les Rois comme Tuteurs, pour la protéger & la fecourir dans toutes les chofes où elle n'eft pas capable de fe défendre par fes propres forces.

Idem 21, 22 & 23. *Le Fils de Dieu a remarqué qu'il n'eft point venu pour délier les fujets de l'obéiffance aux Rois ;* au contraire cette obéiffance aux Rois fait un des préceptes de fon Evangile ; & par conféquent fi les Eccléfiaftiques ont quelque privilége qui les affranchiffe, ils ne les peuvent tenir que des Rois.

Idem 16 à 20. *Jefus-Chrift ne donne à fes Apôtres aucun pouvoir fur les Princes & les Gouverneurs qui les feront paroître devant les Tribunaux.* Il ne leur recommande que la patience, &c.

Idem en celui de S. Luc Chap. XI. ℣. 1 à 4, on voit que J. C. *donne des preuves continuelles de fon obéiffance aux Princes & aux Magiftrats.*

En celui de S. Jean, Chap. XIX.
℣. 11. *Jesus-Christ donne des marques de son obéissance à celui qui le juge injustement, sans faire voir qu'ils dépendent de lui, sans faire aucun changement dans l'Etat, sans y déplacer personne.*

L'Epître de S. Paul aux Romains, Ch. XIII. ℣. 1. *Que tout homme, dit l'esprit de Dieu par cet Apôtre, soit soumis aux personnes supérieures; car il n'y a point de puissances qui ne viennent de Dieu, & c'est lui qui a donné celles qui sont sur la terre.*

Celle de S. Pierre, Ch. XI. ℣. 13 & 14. *Soyez soumis à tous sans distinction pour obéir à Dieu, à tout homme qui a du pouvoir sur vous; soit au Roi comme au Souverain; soit au Gouverneur, comme étant envoyé de sa part.*

Osius dans sa Lettre à l'Empereur

Conftance, dit au nom de tous les Evêques : *Il ne nous eft pas permis d'avoir l'Empire temporel.*

Le Pape Gregoire II. dans fa Lettre à l'Empereur Leon Ifaurien, dit : *Les Pontifes n'ont point droit de fe mêler des affaires de la Cour.*

S. Chryfoftôme , Homélie II au peuple d'Antioche, dit, *Quoique vous foyez Apôtres , quoique vous foyez Evangéliftes ou Prophetes , & quoique vous foyez honoré de quelqu'autre miniftere , foyez foumis aux Puiffances fupérieures; vous êtes compris dans cette regle générale ; car une telle foumiffion n'eft point contraire avec la plus grande vertu.*

Theodoret au Chap. XIII. Epître aux Romains, dit : *Ainfi l'on ne fçauroit s'y fouftraire en prétendant qu'on eft Prêtre , Evêque , Solitaire , puifque l'Apôtre affujettit toutes ces* conditions à la puiſſance temporelle des Princes & des Magiſtrats envoyés par les Princes.

Pelage Pape, Epître I, dit : *Le Sacerdoce eſt ſoumis à l'Empereur dans toutes les choſes humaines & temporelles, comme les autres Eccléſiaſtiques, & les Papes eux-mêmes l'ont reconnu ; lorſque le Prince uſe bien de ſon pouvoir, il faut s'y ſoumettre par conſcience, & lorſqu'il en abuſe, il faut ſouffrir ſes ordres injuſtes, ſuivant la volonté de Dieu qui l'a établi ſon Miniſtre pour protéger le bien & punir le mal ; mais ſans ſe jamais ſouſtraire à ſon autorité légitime, qui n'a point de Juge ſur terre, qui ne reconnoît que Dieu pour ſupérieur, & qui ne doit compte qu'à lui de ſa conduite.*

Le même Pape étant ſoupçonné d'héréſie, Childebert lui envoya

demander sa profession de foi, que
ce Pape accompagna de ces termes.

*S'il nous est défendu de scandaliser
les petits, à plus forte raison devons-
nous pour éviter le scandale confesser
notre foi pour obéir aux Rois à qui
nous sommes soumis selon la doctrine
de l'écriture.*

Tertul. *ad scapulum*, page 86. dit :

*L'Empereur est établi de Dieu, il
est le second après lui, il n'est inférieur
qu'à lui seul.*

Le même apolog. ch. 30.

*Il est après lui le premier, il n'a
que le Ciel au dessus de sa tête, & il
tient tout ce qu'il a d'autorité de ce-
lui-là même dont il tient la vie, les
hommes ne lui ont donné ni l'être ni
l'empire, & il n'est point en leur pouvoir de les lui ôter.*

De tous les Empereurs, il faut
avouer qu'il n'y en a point qui se

soit plus mêlé de la foi que Justinien, ni de la discipline ecclésiastique, car à quoi n'a-t-il pas mis la
main, si on en excepte l'encensoir ?
Il a convoqué des Conciles généraux & particuliers, bâti des temples, ordonné du nombre de leurs
Ministres, fait des loix & des édits
touchant l'établissement de la foi,
touchant la vie & les mœurs des
Ecclésiastiques , touchant leurs
biens, leurs privileges & leur juris-
diction ; touchant l'usage & l'or-
dination des Evêques, des Prêtres,
des Diacres & autres Ministres ;
touchant leur dégradation & dépo-
sition ; enfin touchant la vesture,
la profession & la régularité des
moines.

Ce qui est encore à remarquer,
est qu'en enjoignant aux Métropo-
litains, aux Evêques & à tous les

Ecclésiastiques l'observation de ces
loix : il ajoute, *sous peine aux con-*
trevenans d'être déposés & dégradés
de l'ordre de Prêtrise.

Le Pape Vigil écrivit à Auxon-
ne Evêque d'Arles, & il lui marqua
qu'il ne pouvoit lui envoyer l'usage du
Pallium sans en avoir donné l'avis à
l'Empereur.

De toutes ces observations il suit
que les biens temporels dont jouissent les Evêques, le moyen & bas
Clergé, doivent être assujettis au
vingtiéme, & eux au poids le Roi,
dont aucun sujet de quelque condition qu'il soit, régulier ou séculier, noble ou roturier ne doit être
exempt ; d'autant que tous les autres droits arbitraires toujours insé-
parables de l'inégalité étant supprimés, le vingtiéme & le poids le
Roi, non susceptibles des caprices,

de la faveur, de l'ignorance, de la complaisance & de la suggestion, remplissant parfaitement l'imposition nécessaire, proportionnelle en raison de l'opulance & de la pauvreté, tous les François seront heureux. On verra dans le chapitre suivant, que la religion y trouvera de grands avantages (a).

Lorsque saint Pierre & saint Paul se rencontroient ou qu'ils s'écrivoient l'un à l'autre, ils se qualifioient de freres, sans affecter de se donner réciproquement le titre pompeux de *Monseigneur*.

Les premiers Evêques se feroient offensés, si les chretiens dans leurs représentations, ou leurs discours eussent employé l'expression de

____

(a) Voyez le Testament politique de M. Colbert, pag. 418 jusqu'à 421 & 458, jusqu'à 462.

Votre Grandeur qu'exigent les Evêques depuis les siécles où la foi est
devenue moins pure , la vanité qui
ne procéde que de l'esprit immon-
de , a tellement troublé leur raison ,
qu'ils refuseroient la justice deman-
dée , si cette expression *Votre Grandeur* étoit obmise , quoiqu'ils soient
extrêmement petits en Jesus Christ
& aux yeux des hommes qui connoissent le vrai (*a*).

(*a*) S. Gregoire écrivit à l'Empereur Maurice que l'ambition des Evêques étoit la principale cause des cala-
mités publiques ; il ajoute à l'occasion du
Patriarche *Jean le Jeûneur :* Nous détruisons
par nos exemples tout le fruit que pourroient faire nos paroles , nos os sont con-
sumés des jeûnes , & notre esprit est enflé
d'orgueil ; de dessous la cendre où nous
sommes couchés , nous regardons avec des
yeux jaloux le faste des Grandeurs ; & non
contents des honneurs réels auxquels la
Providence nous a élevés , nous portons

Les Apôtres & les premiers Evêques étoient modestes & pauvres en biens temporels, mais *riches en charité & en œuvres*; au lieu que ceux de ce siécle sont orgueilleux, opulens, durs aux malheureux, mais extrêmement *pauvres en œuvres*, factieux, cabaleurs, remplissant l'Eglise de troubles, de désordres, de scandale, sans point fixe de Doctrine, embarrassant la saine Théologie de syllogismes, de sophismes, de faux argumens, de distinctions frivoles, de nouveautés, de variations, selon que le tourbillon de la faveur & l'espérance des bénéfices les déterminent.

Ce qu'on vient de dire semble

---

nos regards jusques sur des titres imaginaires.

comprendre tous les Prélats en général ; mais ce feroit commettre
une injuftice, que de ne pas convenir, que dans le nombre de nos
Evêques, il y en a que la Providence fufcite de tems en tems, qui, à
l'exemple de faint Gregoire de Nazianze, de faint Athanafe, de faint
Hilaire, &c. maintiennent la foi par
leurs vertus, leurs lumieres, leur
zéle, leur fermeté, leur charité,
& continuent, fi l'on peut ainfi
s'exprimer, la chaîne de la Tradi-
tion, la fainteté & la pureté du
Miniftere Apoftolique.

Il feroit important, pour maintenir la paix dans l'Eglife Gallicane,
que les Evêques, les Communautés
& Congrégations ne puffent rien
faire imprimer ni publier, non fur
la doctrine invariable de l'Eglife,
mais fur la difcipline & les nouveaux

veaux fentimens des vifionnaires
audacieux & brouillons, fans en
avoir obtenu le privilege fpecial du
Roi, expédié en la Chancellerie,
après l'examen des Cenfeurs, Doc-
teurs en Théologie nommés par Sa
Majefté, afin d'empêcher les débats,
les controverfes, les animofités &
les fatyres, qui depuis tant d'années troublent la tranquillité des
fidéles ; donnent lieu à de vaines
difputes de mots qui obfcurciffent
la lumiere pure des dogmes ; qui
font éclore & nourriffent des hai-
nes implacables ; forment des partis, tantôt vainqueurs, tantôt vain-
cus, dont il réfulte des perfécu-
tions cruelles qui ébranlent la foi,
éteignent la charité, & qui caufent
un fcandale honteux & des actions
oppofées à la douceur & à la fainteté du Chriftianifme, renouvel-

lant au milieu du triomphe univer-
fel de l'Eglife Catholique , les fu-
reurs exercées dans les premiers
fiécles par les Payens & les Bar-
bares contre les confeffeurs du
Meffie (*a*).

Il faudroit encore que les Congrégations & les Communautés Séculieres & Régulieres, y compris les
Moines, jufqu'à leur extinction ,
n'euffent point de Général ou de
Procureurs généraux hors du Royaume , ni qu'aucun de leur membre fût
lié & foumis à des Puiffances étrangeres : ils ne doivent l'être pour le
fpirituel, qu'à leur Evêque Diocé-
fain, qui l'eft au Pape ; felon les
régles d'une faine Hiérarchie, ils
doivent l'être auffi aux Vicaires Gé-

____

(*a*) Voyez S. Gregoire de Nazianze,
Lib. 16 *de Epifc.*

néraux de l'Evêque qui , ne pouvant
se porter par-tout, se fait représenter par eux , mais en sous-ordre.
Chaque Communauté ou Congrégation doit être régie selon leur Régle , par des Supérieurs de leurs
Corps élus de trois en trois ans , &
continués tout au plus pendant six ,
par l'élection de leurs Chapitres res-
pectifs (a).

A l'égard du temporel, tant des
Evêques que de tout le Clergé ,
Communautés & Congrégations, il
doit relever immédiatement des
Cours souveraines & autres Offi-

____

(a) Dans le sixiéme, siécle les Religieux
étoient encore soumis à l'autorité de l'Evêque, & les Papes ne se les étoient pas
encore acquis par ce grand nombre de
priviléges qui leur furent accordés dans
la suite.

ciers du Roi , ainsi que les autres Sujets de Sa Majesté.

CHAPITRE III.

Réserves à faire dans la suppression des Monasteres.

IL faut conserver en domaines ou en revenus fixes des manses Abbatiales, pour donner aux cadets des Maisons illustres, qui se vouent à l'état Ecclésiastique, les moyens de subsister selon leur rang , à la charge néanmoins de desservir eux-mêmes personnellement leurs Bénéfices jusqu'à ce qu'ils passent à un Evêché ; mais il faut supprimer les bénéfices à simple tonsure & sans charge d'ame, ou assujettir les Titulaires aux fonctions Curiales personnellement , afin de faire cesfer le fcandale que caufent ces gens inutiles, la plûpart libertins, fans Théologie & qui font la honte du Clergé*(a)*; on devroit n'en admettre aucun à la tonfure qu'après avoir fait au moins fes humanités.

Il faut auffi laiffer fubfifter les Abbayes & Monafteres de filles bien rentés, en faveur des Dames de la haute Nobleffe encore filles, & augmenter ces maifons par le produit de ce que poffedent les Religieux & Religieufes qu'il faut éteindre, comme on l'a cy-devant expliqué ; mais il eft néceffaire que ces Abbayes & Monafteres réfervés foient adminiftrés à l'inftar des Chanoineffes, & que toutes les

---

(*a*) Cette régle ne doit point exclure des grands Bénéfices les perfonnes d'une vertu & d'une fcience éminente, &c.

D iij

Dames ou Demoiselles qui y feront admifes, ne faffent que les vœux d'obéiffance *(a)* ; qu'il n'y foit reçu que des filles de Gentilshommes, Officiers de terre ou de mer, de Magiftrats de Cours fouveraines ou attachés à la Cour, afin qu'elles y foient élevées & entretenues convenablement à leur naiffance, qu'elles puiffent à leur choix y demeurer pendant leur vie, ou fe marier fi elles trouvent des partis fortables ou s'en retirer, fi par fucceffion ou donation elles font en état de vivre dans le monde, felon leur condition.

Ces établiffemens ainfi réglés donneront au Roi le moyen de fatisfaire avec plus d'étendue fon in-

---

(a) On en verra l'avantage par l'exemple obfervé cy-après.

clination bienfaisante , en gratifiant
d'Abbaye ou de Prieuré les enfans
des grands Seigneurs , & du titre de
Chanoineſſe les filles & même les
veuves des Officiers qu'on vient de
déſigner , leſquelles Dames , Demoi-
ſelles ou veuves de même rang ,
ne pourront être admiſes dans ces
Abbayes ou Prieurés qu'en vertu
d'un Brevet de Sa Majeſté.

Les Abbeſſes & Prieures pourront recevoir des Penſionnaires ,
pourvû qu'elles ſoient iſſues en légitime mariage de perſonnes hono-
rables , telles que les Préſidens ,
Conſeillers & Gens du Roi des Pré-
ſidiaux , Bailliages & Sénéchauſſées,
Avocats , Médecins , Notaires de
Paris , & même de Commerçans en
gros ſur mer & ſur terre. A l'égard
des autres filles nées de Marchands ,
de Tailleurs , Artiſans & autres

Ouvriers, elles n'y feront point admifes : elles doivent fuivre la condition de leur pere, & augmenter
la peuplade des profeffions dans lef-
quelles elles font nées. Par ce moyen,
les états ne feroient plus confondus ;
chacun feroit maintenu dans l'ordre
qu'il convient pour le bonheur com-
mun , & la diftinction néceffaire
à l'œconomie du Gouvernement.
Quant aux filles exclues qu'on vient
de défigner, celles qui auront de la
vocation pour la retraite , peuvent
entrer dans les Communautés d'Hof-
pitalieres, à l'inftar de celles de Châ-
lons-fur-Saône , fans faire de vœux
que ceux d'obéiffance & de pauvreté ; d'autres encore peuvent pof-
tuler dans les Communautés des
Sœurs de la Charité : l'on verra
dans un moment, qu'elles pourront
être occupées convenablement pour
elles & pour le Public.

Et comme les hauts & moyens Bénéficiers rempliront les fonctions du Sacerdoce, que les Curés & les Vicaires feront augmentés, le faint Miniftere fera auſſi plus univerfellement & plus dignement rempli que par les Moines qui croient avoir fatisfait aux devoirs de leur état, en s'acquittant avec négligence des différens rolles que leurs Inftitureurs ont imaginés.

Il eſt encore très-eſſentiel de conferver les Congrégations des Prêtres qui fubfiftent fous différens noms, & même d'augmenter leurs revenusdes fonds retirés des Moines. Ils font extrêmement utiles à la fociété, par rapport aux Miſſions étrangeres & aux foins qu'ils fe donnent avec fuccès pour l'éducation de la jeuneſſe, & pour cultiver les Séminaires où s'élevent les jeunes plantes qui décorent le jardin du Seigneur, à quoi ils joignent un soin infatigable pour faire rentrer au bercail les brebis égarées du troupeau, par leurs paroles, leur douceur & leur charité *(a)*.

Il en est de même des filles congrégées sous le nom d'Hospitalieres & de Sœurs de la Charité.

Les premieres sont absolument nécessaires pour le service des Hôpitaux ; les autres ne le sont pas moins pour l'éducation des enfans de leur sexe, le soulagement des pauvres & le soin des malades. Comme les unes & les autres ne

---

(*a*) Voyez ce qui est dit à cet égard dans un Abrégé de l'Histoire Ecclésiastique imprimé à Utrecht en 1748 (tom. premier, page 222 & 223.) Voyez aussi la Lettre écrite au Pape Innocent X par Jean Palafox, Evêque Espagnol.

font que des vœux d'obéiſſance &
de pauvreté, la corruption ne peut
jamais donner atteinte à la pureté
de leur régle, parce que ſi quel-
ques-unes d'entre elles s'en écar-
tent, ſi leur vocation ſe réfroidit
& ceſſe abſolument, elles peuvent
rentrer dans le monde : ainſi c'eſt
la vertu & la charité chrétienne
qui les lient ſans contrainte, & c'eſt
le lien le plus doux & le plus fort;
mais ce qu'il y a de merveilleux
à leur égard, eſt qu'il n'y a preſque
pas d'exemple que ces filles ayent
jamais cauſé le moindre ſcandale
depuis leur établiſſement imaginé
par l'Inſtituteur des Lazariſtes, Vin-
cent de Paul, homme de baſſe condition & ſans biens de patrimoine,
dont la vie eſt un tiſſu de faits
admirables.

CHAPITRE IV.

Etabliſſement des Curés, des Vicaires & des Sœurs de la Charité.

EN ſupprimant cette fourmil-liere de Moines, qui, comme les frêlons ne ſubſiſtent que du travail des abeilles, il faut pourvoir aux beſoins des Curés, ſupprimer les portions congrues avec leſquelles ils ne peuvent vivre décemment, ni s'attirer de leurs Paroiſſiens le reſpect dû à leur caractere.

Il faut établir des Vicaires dans toutes les Cures, qui ſoient chargés de l'éducation de jeunes garçons; & des Sœurs de la Charité, pour celles des filles; ſecourir les pauvres & ſoigner les malades.

Enfin il faut entretenir dans les Bourgs & gros Villages des Chirurgiens experts & leur donner une pension assignée sur les fonds retirés des Moines, afin qu'ils soient à portée de donner de prompts secours aux blessés & aux malades, même *gratis* pour les Pauvres reconnus tels par le Certificat du Curé & du Vicaire de chaque Paroisse, selon l'arrondissement des Villages & Hameaux que ces Chirurgiens feroient obligés de servir : à l'égard des personnes en état de fournir à leurs besoins, il leur sera libre de s'en faire payer.

Tous les biens appartenans aux Monasteres & Couvens de Religieux & Religieuses, qui journellement se détruiront, rentrants au pouvoir de l'Etat, seront employés utilement aux établissemens que l'on vient d'expliquer , fans que l'on puiſſe alléguer raiſonnablement que c'eſt déroger aux diſpoſitions des Fondateurs qui les ont prodigué , d'autant qu'à tous égards leurs intentions n'ayant été que de ſoulager les pauvres & de concourir à la célébration des Myſteres ſacrés , elles ſe trouveroient bien plus exactement & univerſellement accomplies par un Clergé bien diſcipliné , que par des Moines & des Religieuſes, dont la plûpart ſont ennuyés de leur état , & agités de paſſions & d'intrigues.

Pour ſatisfaire à ces vues de réformation , & ſoutenir le Sacerdoce dans la dignité qu'il exige, il faut mettre les Curés en ſituation de vivre convenablement, & leur aſſigner des terres qui puiſſent produire au moins dix-neuf cent quinze livres de revenu, dont mille livres pour chaque Curé, cinq cent livres pour chaque Vicaire, & quatre cent quinze livres pour deux Sœurs de la Charité. Comme il y a peu de Villes, de Bourgs ou de Villages où les Moines n'ayent des Domaines en fonds de terres ou en revenus, il faut en détacher les portions nécessaires pour former ce revenu de dix-neuf cent quinze livres, année commune. Dans cette évaluation il ne faut pas comprendre la maison Curiale, le jardin & la baffe-cour. Au moyen de cette difpofition fixe, les Curés ne pourront plus exiger aucun droit pour l'adminiftration des Baptêmes, des Meffes, des Mariages & des Sépultures, mais feulement cinq fols par chaque Extrait de leur Régiftre qui pourront leur être demandés,

On assignera aussi une portion de terre à chaque Chirurgien valant quatre cent livres de rente.

Quant aux Curés Décimateurs, de qui la dixme & les revenus de la Cure excéderont dix-neuf cent quinze livres, ils ne pourront prétendre aucune augmentation, & ils seront obligés au contraire de payer à leur Vicaire cinq cent livres & aux deux Sœurs de la Charité quatre cent quinze livres de trois mois en trois mois, sur ce qui excédera les mille livres fixées pour chacun d'eux. Toutes les terres Curiales, ainsi que les dixmes, seront assujetties au Vingtieme, & les Curés, Vicaires, Sœurs de la Charité & leurs Domestiques seront tenus du droit de mouture au Poids-le-Roi (a).

____

(a) L'on a augmenté sept livres dix sols sur les deux cent livres de pension à chacune des Sœurs de la Charité pour ce droit.

Aucuns Curés ni Vicaires ne pourront defservir deux Cures, mais bien les Annexes dépendantes de la leur ; alors le Curé & le Vicaire partageront entre eux les devoirs du faint Miniftere par tiers ; c'eft-à-dire, que le Vicaire s'acquittera de l'Office dans l'Annexe deux Dimanches ou Fêtes de fuite , & le Curé une fois feulement , & ainfi alternativement.

Les enfans mâles de l'Annexe fe rendront à la Paroiffe pour y être inftruits par le Vicaire qui y fera fa réfidence. A l'égard des Sœurs de la Charité, elles feront chargées de fecourir les malades & d'inftruire les femmes, filles de la Paroiffe & de l'Annexe ; par ce moyen, le peuple , quant au fpirituel , feroit bien inftruit, les enfans pareillement, les malades & les pauvres bien foignés.

REMARQUE.

IL convient que les Curés des Villes Episcopales, sur-tout ceux de Paris, des autres grandes Villes, & généralement de toutes celles qui sont très-peuplées, jouissent à l'ordinaire du casuel de leur Cure; parce qu'ils sont obligés d'avoir à leur charge plusieurs Vicaires ou Sous-Vicaires, & un grand nombre de Prêtres ou Clercs pour desservir leur Eglise; ainsi le réglement de mille livres pour les Curés, cinq cent livres pour les Vicaires, & quatre cent quinze livres pour les deux Sœurs de la Charité, ne doit avoir lieu que pour les Villes moins peuplées & pour les Bourgs & Villages, où le Service divin, l'instruction des enfans & le soulage-

ment des pauvres malades & infir-
mes de chaque Paroisse peuvent
être remplis par un Curé, un Vicaire, & deux Sœurs.

Mais il conviendroit de diminuer
d'un tiers au moins les droits des
Curés & des Fabriques des grandes
Villes pour les mariages & enter-
remens ; l'usure des ornemens, de
l'argenterie, de la sépulture & la
sonnerie bruyante, qui n'est que
d'ostentation, & fort incommode
au Public.

CHAPITRE V.

Emploi de l'excédent des revenus des
Monasteres supprimés.

Comme la distraction des terres
& revenus nécessaires pour
remplir les différens objets cy-dessus

expliqués, n'en abforberoit qu'une
partie, il en refteroit beaucoup qu'i
conviendroit d'appliquer aux autres
établiſſemens qui ſuivent.

Ce feroit un avantage pour l'Etat,
& le foulagement des pauvres, non-
feulement d'augmenter les revenus
des Hôpitaux actuellement établis
dans le Royaume, mais encore d'en
établir de nouveaux dans les Villes
& gros Bourgs où il fe trouvera des
Couvents à détruire, & avoir attention qu'ils foient mieux adminiſ-
trés, non parce que les Supérieurs
manquent de zéle, mais par la négligence, l'inhumanité & l'infidélité de ceux auxquels le détail eſt
confié.

Il faudroit que dans ces Hôpitaux il y eût, outre les lits pour les
malades & bleſſés, des logemens
réfervés aux vieillards des deux

fexes hors d'état de travailler, aux pauvres orphelins & aux enfans trouvés, dont les trois quarts périssent faute de nourriture, & que les Curés de chaque Paroisse fussent autorisés à envoyer ces vieillards, ceux qui seroient invalides, les orphelins & les enfans trouvés dans l'Hôpital qui leur seroit indiqué par leurs Supérieurs, & qu'au moyen d'un Certificat signé du Curé & visé par le Juge du lieu, ils y fussent reçus, & les enfans instruits dans la Religion ; qu'on leur apprît à lire, à écrire, à coudre, filer, tricoter, &c. Ce certificat doit contenir le nom, le surnom & l'âge de ceux en faveur desquels ils font expédiés.

Il ne faut pas douter que ce louable & pieux arrangement n'engage les Seigneurs des Paroisses & les habitans aisés à faire du bien à ces afyles, particuliérement les Evêques & les hauts Bénéficiers ; & qu'à l'exemple des anciens Peres de l'E- glife, ils ne fe réfervent que ce qui eft néceffaire à leur fubfiftance, felon leur rang & leur dignité, & qu'ils ne diftribuent le furplus qu'en fa- veur des pauvres.

Pour décharger les Hôpitaux à mefure que les enfans des deux fexes feront en état de travailler, il faut, à l'imitation de ce qui fe pratique en Hollande, que les Capitaines de Navires & autres Bâtimens de mer à l'ufage du commerce, fe chargent d'un certain nombre de ces enfans mâles âgés de fept ans accomplis, en proportion du port de chaque Bâtiment; on peut auffi obliger les Manufacturiers d'en pren- dre des deux fexes; les Corps des Arts & Métiers, d'en placer chez les

Maîtres de leur profession les plus occupés ; les Laboureurs s'en chargeront volontiers : enfin l'on peut choisir celles des petites filles qui paroîtront les plus modestes, les plus raisonnables, les plus intelligentes, & les placer dans les maisons des Sœurs de la Charité, la huitieme année de leur âge, pour servir dans les Paroisses avec une ancienne, à secourir les malades & ensuite aider à l'instruction des enfans du même sexe. Tous ces enfans se formeront insensiblement : ils produiront des Matelots, des Soldats, des Ouvriers & des Ouvrieres ; ils s'établiront, & par la suite augmenteront la peuplade du Royaume & des Colonies ; au lieu que ces malheureux étant abandonnés, périssent en partie avant l'âge de puberté, & que ceux qui échappent, n'ayant

perſonne qui veille à leur conduite ,
ni à leur ſubſiſtance , s'abandonnent
à la mendicité , à la débauche, aux
vols , aux aſſaſſinats : la vue , la
crainte des chàtimens les plus ſé-
veres ne leur font aucune impreſſion,
& mourir pour mourir , ils ſe livrent
ſans crainte à tous ces excès : ils
n'enviſagent le ſupplice & la mort
que comme la fin de leurs maux.

La piété du Roi , pere tendre de
ſes Sujets , ſera ſenſible à la vue de
ce funeſte tableau qui intéreſſe ſa
gloire , ſa Religion & ſa Puiſſance.

Toutes perſonnes ſenſées déſire-
ront l'exécution de cette troiſieme
partie du projet : encore une fois ,
il ne fait tort à perſonne ; puiſque
les Religieux & les Religieuſes ne
changeront point d'état pendant
leur vie : ils n'ont aucune poſtérité
de leur ſang qui les intéreſſe ; les
volontés

volontés des Fondateurs seront
exactement accomplies : les biens
amortis rentreront dans la circulation générale du corps de la société ;
les Paroisses des Campagnes seront
mieux disciplinées, d'où s'ensuivra
la pureté de la morale & l'abondance
des bons fruits qu'elle produit. Un
très - grand nombre d'enfans qui
meurent presque en naissant, ou
qui font la proie des Bourreaux,
feront élevés, instruits, & serviront
utilement la Patrie ; les Vieillards
qui ont été utiles par leurs labeurs,
donneront de l'émulation à ceux qui
leur succéderont ; l'ordre, la Religion, la charité & l'humanité re-
prendront leurs droits. Les Ouvriers
des Manufactures, les Artisans, les
Manouvriers qui ne trouvent plus
suffisamment d'occupation dans le
Royaume, ou qui n'y peuvent point

subsister à cause de la cherté des vivres, la léthargie du commerce, des arts & de l’agriculture, les vexations des Traitans, & les impôts arbitraires, s’expatrient & se retirent journellement dans d’autres Etats ; ils y sont reçus, ils y trouvent un asyle assuré, de l’occupation & la subsistance proportionnée à leurs talens, ils en enrichissent nos voisins à notre préjudice ; mais l’amour de la Patrie les feroit rentrer dans les foyers de leurs peres, si le projet que l’on propose étoit exécuté. Alors tous les Peuples des différens ordres de l’Etat, jouissant de la tranquillité, de la liberté, & d’un parfait bonheur, redoubleroient leur amour & leurs vœux pour le meilleur, le plus magnanime, le plus modéré & le plus grand Roi de l’Univers.

SECONDE PARTIE.

CHAPITRE PREMIER.

De l'intérèt & de l'objet du Commerce en général par rapport à l'Etat.

IL y a dans le Commerce deux intérêts différens ordinairement opposés. Il faut les faire connoître : le premier, qui s'accorde avec l'avantage de l'Etat : le second, qui regarde les Particuliers ; celui-ci est presque toujours opposé au premier, c'est ce que l'on prouvera légérement par la suite ; mais l'on s'étendra, autant qu'il sera possible, sur le Commerce qui concerne le bien de l'Etat, & l'on démontrera que l'intérêt général étant une fois assuré,

E ij

les Particuliers y trouveront un grand avantage.

Cette distinction est nécessaire ; on ne peut révoquer en doute que lorsqu'il s'agit du bien général de la Monarchie, l'intérêt de quelques Particuliers ne peut & ne doit pas être préféré.

Le bien général consiste moins à conserver l'opulence de quelques hommes, qu'à rendre le Royaume, riche en argent ; avec ce métal, tout se trouve en abondance : qu'importe en quelles mains soient les richesses, & qui des Sujets les possedent, pourvu qu'elles soient toutes renfermées dans l'Etat, & que le général en profite ? Peut-on douter que tôt ou tard les Particuliers n'en profitent également ?

L'intérêt de la Nation est d'engager les Etrangers à tirer de nous

& les denrées que nos terres produisent, & les ouvrages de nos Manufactures dont ils ne peuvent se
passer ; & d'empêcher autant qu'il
est possible, qu'ils n'apportent rien
de chez eux, parce que tirant plus
de nous que nous ne tirons d'eux,
il faut nécessairement qu'ils nous
payent l'excédent en especes ou en
matieres d'or & d'argent ; & c'est
de cet excédent que provient le
gain & le profit que l'Etat en général trouve dans le Commerce.

CHAPITRE II.

Productions de la France.

LEs Provinces de la France sont bien plus étendues & plus nombreuses que celles de l'Angleterre & de la Hollande ; elles produisent abondamment du bled & toutes sortes d'autres grains, des bestiaux, des vins, des fruits, & généralement tout ce qui est nécessaire à la nourriture & à l'entretien de ses habitans, & cette production excede de beaucoup ce qu'il leur en faut ; ensorte que nous pouvons du superflu aider nos voisins, & le répandre dans les pays les plus éloignés.

Excepté la Flandre, l'Artois ;

une partie de la Picardie, la Bretagne, la Normandie, & quelques Provinces vers l'Allemagne ; toutes les autres ont du vin, dont une partie sert à faire de cette excellente eau de vie si recherchée des Etrangers, & d'excellent vinaigre. Nos vins ont cette qualité qu'ils sont les seuls propres à la nourriture & à la boisson ordinaire de l'homme ; les vins des autres pays de l'Europe, trop forts, trop violents, trop fumeux ou liquoreux, ne se peuvent boire qu'en petite quantité. Ils ne sont bons que pour flatter le goût sur la fin des repas, & si l'on en faisoit sa boisson ordinaire, ils seroient très-nuisibles à la santé ; au lieu que les vins François sont sains & agréables à boire.

Il en est de même des eaux de vie qu'on fait de nos vins, elles font beaucoup plus délicieufes & plus faines que celles qui fe font avec les autres vins de l'Europe. Les Anglois & les Hollandois, croyant nous porter quelques dommages, ont tenté vainement de nous en ôter le débit, en cherchant les moyens d'en dégoûter leurs Sujets, & de les accoutumer à celle des autres Etats ; mais ils n'ont pu y réuffir.

Le fel que nous avons en abondance eft beaucoup meilleur que celui que l'on tire des autres contrées, foit pour la nourriture de l'homme, foit pour les falaifons. Il fale bien mieux la chair & le poiffon, & même il les conferve beaucoup plus de tems ; au lieu que les autres fels, trop âcres & trop mordicans, les corrodent & les confument.

Nos Provinces du Ponent , outre
les bleds & toutes sortes de grains ,
produisent encore une très-grande
quantité de prunes , de miel, de
safran , & quantité d'huile de me-
nus grains ; celles situées vers le
Levant, font croître des olives ,
des capres , des amandes, des figues ,
des raisins qui se conservent, des
marons, &c. du vert de gris , du
pastel ; & tout cela en si grande
quantité , que nous pourrions en
répandre une partie dans les pays
étrangers , & infiniment davantage,
si l'on suit le projet de la Réforme *(a)*.

Le climat ne nous est pas moins
favorable pour les choses qui peuvent servir à nos Manufactures. Ses
productions enrichiroient les habi-

(a) Voyez la premiere Partie.

tans par leur induſtrie & leurs travaux, s'ils recouvroient leur ancienne liberté par la ſuppreſſion des Gens de finance & des impoſitions arbitraires.

Nos Provinces produiſent du lin, du chanvre, & même en quantité, pour faire du fil & de la toile ; nous avons autant de facilité que les Anglois & les Hollandois en ont pour les tirer du Nord, où il en croît beaucoup, en échange de nos vins & de nos eaux de vie. Combien la Flandre, la Picardie, la Normandie, la Bretagne, & tant d'autres de nos Provinces ne fabriquent-elles pas de toiles ; & combien ne s'en répand-il pas en Eſpagne & partout ailleurs ?

Le nombre des troupeaux de moutons que nourrit la France, nous fournit aſſez de laine pour

la fabrique de toutes sortes d'étoffes.
Il est vrai que nos laines ne sont
pas si longues ni si fines que celles
d'Angleterre, d'Espagne & de Portugal; mais qui nous empêche d'en
avoir d'Espagne & de Portugal,
comme les Anglois & les Hollandois ? La proximité des côtes d'Angleterre donne quelquefois occasion d'en tirer, malgré toutes les
précautions que prennent les Anglois pour l'empêcher. Si nous man-
quons de cochenille, d'indigo &
d'autres matieres pour le teint,
l'Angleterre & la Hollande à cet
égard ne sont pas plus riches que
nous ; & nous pourrions, comme
elles, en tirer de l'Amérique, d'Espagne ou d'autres endroits. Nous
sommes les maîtres de le faire, quand
nous voudrons.

Il ne nous manque que des épi-

ceries & des drogues étrangeres
pour la Médecine ; notre Compagnie des Indes Orientales nous
en doit fournir au-delà du nécessaire ; on en peut même faire venir
de nos colonies de l'Amérique,
quand on voudra s'en donner la
peine.

Il ne nous manque donc rien
pour vêtir & entretenir les Grands,
les Riches & le Peuple. Il n'y a
aucune espece d'étoffe que nous
n'ayons & ne puissions avoir en
France de nos Manufactures, au-
delà du nécessaire pour les habitans. Il ne s'agit que de les faire
valoir, & les augmenter pour en
faire part à nos voisins & aux Peuples les plus éloignés, en échange d'or
ou d'argent, ou de ce qui pourroit
nous manquer pour satisfaire le
goût & la délicatesse.

Le papier que l'on fabrique dans le Royaume, est meilleur qu'en aucun autre pays ; nous pouvons en fournir beaucoup aux Etrangers. Nos Manufactures en soie excellent sur toutes celles des autres Nations, pour la variété des desseins, l'assortiment des couleurs & la maniere dont elles sont frappées, & l'on ne peut disconvenir que les François ont pour cela un goût que les autres Peuples ne peuvent attraper.

Nous fabriquons quantité de dentelles en fil, en soie, & en ce que l'on appelle blonde, même en or & argent ; & nos Ouvriers excelleroient bien davantage, si par plus de personnes qui seroient occupées, on faisoit tomber les Fabriques étrangeres qui n'ont point la délicatesse & l'élégance du dessein.

Je ne peux paſſer ſous ſilence
pluſieurs autres Fabriques particulieres très - perfectionnées , telles
que celles des chapeaux fins & communs , ou galants à l'uſage des
Dames , les bas & tout ce qui concerne la Bonneterie, les Tapiſſeries,
l'Orfévrerie , la Bijouterie, l'Hor-
logerie , qui avoit paſſé avec nos
Réfugiés en Angleterre & à Geneve;
elle a été pendant un tems en léthargie chez nous , mais à préſent
elle a rentré dans tous ſes droits
de préférence : il y a encore une
infinité d'autres ouvrages où nos
Artiſans excellent , & que l'on peut
comprendre ſous la dénomination
de Manufacture , que les Etrangers
veulent imiter , mais ſans pouvoir
parvenir à l'invention de la perfection.

CHAPITRE III.

*De l'avantage que la France peut
tirer des Modes.*

LA Nation Françoise a pour
les modes un goût inné &
de terroir, fi l'on peut s'exprimer
ainfi, que les Etrangers regardent
comme un vice ; mais c'eft tout
au plus un défaut qui ne caractérife
que l'inconftance, dont cependant
l'Etat pourroit tirer un grand profit, fi l'on y faifoit plus d'attention :
cette inconftance fe manifefte
journellement dans nos habillemens, dans les meubles, les équipages, les bijoux, les parures ;
c'eft ce que les Etrangers blâment &
que néanmoins le plus grand nom-

bre d'entre eux recherchent avec
empressement : ce goût pour la pa-
rure, pour les ornemens, pour le luxe
en général que les autres Nations ne
peuvent imiter, & qu'elles sont obligées de chercher chez nous, fait
une branche du Commerce qui
n'est pas à mépriser, & qui pourroit produire un grand profit à
l'Etat.

La France doit beaucoup à sa
situation & à son climat ; mais ce
que les biens fonds rendent aux
Propriétaires ou à ceux qui les tien-
nent d'eux à ferme, tournent particuliérement à leur profit ; les autres qui n'ont pas de ces biens réels,
(& c'est le plus grand nombre)
n'ont que leur industrie & le travail de la main pour toute ressource :
il faut donc des Manufactures qui
les occupent ; car sans elles, quel-

les qu'elles foient , que deviendroît
cette multitude d'hommes & de
femmes fans travail utile ? Ils lan-
guiroient dans une oifiveté auffi dé-
plorable que dangereufe : combien
les *modes* ne font elles pas travailler
de Sujets ; & combien le nombre
d'Ouvriers n'augmenteroit-il pas par
l'aecroiffement des Manufactures ,
fi nos modes changeoient & fe re-
nouvelloient tous les jours, ou du
moins encore plus fouvent ? car enfin le génie des François eft d'être
à la mode. Ils infpirent la même
chofe à toute l'Europe ; les Etrangers qui viennent en France, comme
à la fource des *modes*, du bon goût,
& du changement dans les habits,
les bijoux, les parures, les façons
galantes, fe conforment à la *mode* ;
ils la portent chez eux, & ils font
le même effet fur leurs Concitoyens,

que la Cour & Paris ont fait sur
eux-mêmes ; tous s'empreſſent de
s'y conformer & de tirer de nous les
fruits de cette inconſtance ; mais
bientôt cette *mode* ceſſe d'être *mode* ;
par ſucceſſion de tems, elle arrive
juſques dans les Nations les plus
éloignées; & qui que ce ſoit n'ignore
qu'il n'y a point de pays dont les
habitans qui veulent ſe diſtinguer
par des parures & des ajuſtemens
particu liers & nouveaux, ne ſe
mettent à la Françoiſe, perſuadés
que les François ont un goût & un
génie particuliers pour les habillemens, l'élégance des parures & de
tout ce qui peut orner les perſonnes,
les maiſons, les équipages, & ré-
créer l'imagination ; ainſi ce qui
ceſſe d'être *mode* en France, devient
mode chez nos voiſins & chez les
Nations les plus éloignées : donc

plus nos modes changent & se
renouvellent , plus elles donnent
de mouvemens à nos Manufactures ;
& si elles changoient encore plus
souvent , nous aurions conséquemment plus de débit , & les Etrangers les imiteroient moins ; ce qui
pourroit occasionner la destruction
des Manufactures de soie , que nos
Fugitifs ont établi dans les Etats
voisins , & que le défaut de travail
& l'amour de la Patrie pourroient
déterminer de revenir dans leurs
anciens foyers , surtout si ce projet
de Réforme étoit mis à exécution.

On repliquera peut-être *que si
ces modes servent à former &
employer beaucoup d'Ouvriers , elles
servent aussi à ruiner plusieurs familles ;
car chacun veut être à la mode , coûte
qui coûte , sans distinction d'état , de
rang & de qualité : la vanité &*

l'ambition sont les régles uniques des
ajustemens ; l'on se prive même du nécessaire, & l'on s'abandonne à toutes
les extrémités pour entretenir un luxe
que l'extravagance de plusieurs personnes pousse jusqu'à l'excès ; ainsi
loin d'approuver un pareil désordre,
il vaudroit mieux établir en France
une uniformité d'habillement & de
parures simples, à l'exemple des Espagnols, & inspirer aux François cet
esprit de ménage.

Je conviens que les modes engagent à des dépenses superflues,
qu'elles servent à diminuer le bien
de quelques familles, mais si les
riches sont ceux qui donnent le
plus dans le luxe, & que les autres
qui le font moins diminuent leurs
biens par-là, il est certain en même tems que cela entretient & fait
subsister une infinité de pauvres fa-

milles qui, faute de travail, péri-
roient de misere ; ainsi les uns ga-
gnent ce que les autres perdent. Les
Sujets indigents profitent par cette
circulation de la prodigalité des autres Sujets, & il n'y a rien de perdu
pour l'Etat.

La grandeur d'une Monarchie
ne consiste pas à avoir de simples
Particuliers distingués par leurs richesses; ces richesses, c'est-à-dire, l'or
& l'argent, doivent être répandues
dans une juste proportion, comme
le sang dans les veines, pour donner
de l'activité au corps de l'Etat; & il
n'est pas de la bonne Politique, qu'il
y ait des Sujets qui ne pensent qu'à
thésauriser. Les grandes richesses
distinguent trop les Particuliers ;
elles les élevent au-dessus de leur
sphére, & les rendent insatiables,
insolents & toujours à charge à

l'Etat. Il ne faut, pour s'en convaincre, que se rappeller ce qu'on a lu dans l'Avertissement à la fin de la seconde Partie. A quoi servent les grandes richesses, si ceux qui les possedent ne s'en servent pas? D'ailleurs tous les Sujets doivent être occupés, chacun selon ses talens & ses connoissances.

L'Etat est une machine dont les ressorts & les rouages, quoique différens dans leurs formes & leurs mouvemens, doivent concourir au but général, chacun suivant sa force & sa structure singuliere : selon cette comparaison, tous les Sujets doivent donc travailler ; les plus pauvres de la main, les plus riches ouvrir leur bourse & occuper sans cesse les Ouvriers.

La charité Chrétienne veut que les fortunés versent de leurs biens sur les plus pauvres : il est indifférent que ce soit à titre de charité, ou en les faisant travailler ; c'est toujours en faire un bon usage, même pour des ouvrages superflus. Le malheur est pour ceux qui les prodiguent indiscrettement & au-delà de leurs moyens, c'est un vice qui ne fait rien à l'Etat ; car loin qu'il y perde, il y gagne ; tout le monde trouve à travailler ; & ceux-mêmes qui se sont appauvris par leurs prodigalités, peuvent, s'ils le veulent, s'en indemniser en travaillant à leur tour.

Le Souverain n'est pas toujours secouru dans ses besoins & dans les tems les plus critiques par les plus riches ; au contraire ce sont ceux qui par leur crédit trouvent le moyen de s'exempter des impositions ; souvent ils sçavent en tirer parti. Ces impositions ne tombent

ordinairement que fur les moins
riches & les plus pauvres ; il n'y a
que les Bourgeois & le Peuple qui
contribuent.

Plus les Peuples deviendront riches, plus le Souverain trouvera de
tréfors de réferve entre leurs mains ;
& en laiffant aux riches la liberté de
dépenfer, même en fuperfluités,
c'eft les engager indirectement à
partager avec les plus pauvres les
charges de l'Etat. Peut-on trouver
un moyen plus fimple que les
modes, puifqu'elles foutiennent une
infinité de familles, & qu'il y en a
très-peu qui, par la prodigalité qui
eft un vice, fe ruinent ? Ainfi loin
d'abandonner les *modes*, on ne fçauroit trop les maintenir & même les
augmenter, d'autant qu'en fait de
maxime d'Etat, le plus grand bien eft
toujours préférable, quand même

il devroit en naître quelques abus, sur-tout si le bien est plus grand que le mal : or conservant les *modes*, non-seulement on rend le Peuple plus riche, en l'occupant & en lui fournissant plus d'occasions de gagner, en perfectionnant & formant plus d'Ouvriers, mais encore en engageant les Etrangers à nous apporter de l'argent & à le répandre parmi le Peuple, & par ce moyen entretenir les Manufactures d'étoffes & de toutes les marchandises qui entrent dans ce qu'on leur débite, qu'ils payent argent comptant : si l'on vouloit ne plus recevoir de leurs denrées en échange des nôtres, l'Etat deviendroit bientôt très-opulent (a).

____

(a) Voyez l'Esprit des Loix, Livre IV. Chap. VI & suivans. Le luxe est d'une grande utilité

CHAPITRE IV.

Sur la perte des Matieres d'or &
d'argent.

L'EDIT contre le Luxe est fort louable ; mais il le seroit encore davantage, qu'il soit permis de le dire, s'il ne s'étendoit que sur les denrées & sur la consommation des matieres d'or & d'argent.

dans un Etat monarchique, il augmente le Commerce & occupe le Peuple, sans quoi, dit l'Auteur, tout seroit perdu.

Voyez le même, Livre XIX. Chapitre IX. & X. La vanité est un bon ressort, l'orgueil en est un dangereux ; il résulte de la vanité, le luxe, l'industrie, la perfection de toutes sortes de Manufactures qui étendent le Commerce intérieur & étranger, plus avantageux que les mines du Pérou & du Potosi.

Le Commerce ne doit avoir d'autre objet que d'enrichir l'Etat de
ces matieres précieuses ; par conséquent l'intérêt que nous avons à
l'attirer en France, où la Nature ne
les produit pas, doit nous obliger
à conserver ces matieres par toutes
sortes d'attentions, lorsqu'elles y
sont. A quoi serviroient les précautions que l'on prend pour les
empêcher de sortir du Royaume,
& les peines imposées pour cela par
tant d'Ordonnances renouvellées,
si sans les faire sortir, nous les con-
sommons nous-mêmes sans en avoir
de retour, en les employant en
dorures sur du bois, sur du fer &
du cuivre, en galons, en broderies,
en étoffes mêlées de soie, dont on
ne retire rien ? Ne vaudroit-il pas
autant en permettre la sortie, que
de les consommer inutilement ?

Peut-être par la suite pourroit-on les faire revenir, ou du moins en tirer quelque utilité en échange, si ces dorures, ces broderies, ces étoffes de soie ouvrées d'or & d'argent ne se consommoient pas dans le Royaume; mais que les Etrangers nous les achetassent, nous profiterions au moins de la fabrication, ils nous la payeroient au-delà du prix des matieres que nous y aurions employées, & la sortie d'un marc d'argent en feroit rentrer au moins deux; au lieu qu'en les consommant nous-mêmes, nous perdons, non-seulement la matiere & le profit que nous ferions dessus, mais encore nous perdonstout. Ainsi la défense de dorer les carrosses, les meubles, les lambris, les plafonds, les habillemens & tous les ornemens, ne peut être exécutée avec trop d'exactitude & de rigueur; il

feroit même à propos d'en inter-
dire l'ufage à tous les Sujets indiftinctement, & qu'il n'y eût que le
Roi, les Princes & les Officiers de
la Couronne d'exceptés de cette
régle générale. Cette diftinction
feroit honneur à l'Etat : alors la
réforme du luxe feroit regardée
plutôt comme l'effet d'une bonne
& fage Politique, que de la pauvreté du Royaume.

Il eft vrai que comme le goût des
François fert de modele à celui des
Etrangers, il feroit à craindre que
les broderies, les galons & les étoffes
d'or & d'argent ceffant d'être à
la mode, nos Voifins ne ceffent
auffi d'en faire ufage, & que ne
les voyant plus porter que par les
Princes & les Officiers de la Couronne, ils ne s'en privent comme
nous ; mais toujours le goût fe

conſervant pour les Cours étrangeres , pour les Ambaſſadeurs &
leur ſuite , on ne laiſſeroit pas d'en
faire un débit profitable ; en tout
cas , nous pourrions nous dédom-
mager de cette perte par de nou-
velles modes en ſoie qu'il faudroit
établir & changer ſouvent : le profit n'en ſeroit pas moins conſidérable , car les Fabriquans & les
Ouvriers trouvent moins de bénéfice ſur les matieres que ſur les
façons qu'on leur paye auſſi chére-
ment en ſoie , comme en or & en
argent. Pour tout le reſte qui eſt
du reſſort du luxe & de la magnificence , pourvu qu'il ne ſoit point
extravagant , tout ce que l'on fabrique en France doit être permis
ſans diſtinction , d'autant que nous
avons quantité de ſoie & de Manufactures qu'il faut faire valoir ,

& surtout à présent qu'on a per-
fectionné le goût des desseins & de
la variété des couleurs ; avantage
qui sera toujours au-dessus de celui
des autres Peuples moins disposés
à l'invention des *modes*, qui est le
propre de la Nation , & qui les
oblige à venir les chercher ; ce qui
nous procure un gros profit qu'il
est de notre avantage de ne pas
négliger.

Si l'on établissoit en France quelque distinction des états, comme
dans plusieurs Royaumes ; je demande quelle seroit l'utilité que la
Monarchie en général pourroit en
retirer ? N'y a-t-il pas d'autres
moyens de faire remarquer la différence des qualités entre les Sujets,
que par les habillemens & les meubles ? Quelque avantage qu'e plus
sensé Spéculateur pourroit .quer,

il n'approcheroit jamais de celui que produisent les modes par nos Manufactures journellement occupées. Qu'importe à l'Etat que les habitans soient habillés & meublés d'étoffes de laine ou d'étoffes de soie, la dissipation de la laine & de la soie ne peut faire aucun préjudice, puisque ces matieres sont de notre crû ? Plus il s'en consommera, plus nos Manufactures seront occupées; plus les habitans travailleront, plus conséquemment l'Etat trouvera de profit. Il n'en est pas de même de ces étoffes de soie & de laine, comme de celles d'or & d'argent, dont la perte est irréparable.

A le bien prendre, il n'y a que deux sortes d'habitans à distinguer, sans y comprendre le Clergé qui l'est par ses habillemens, de même que le Milit[aire], les Magistrats & autres

Officiers de Justice ; ainfi l'on peut défigner fous deux noms généraux tous les François, les Nobles & le Peuple, à l'imitation des Romains.

Et au lieu d'anneaux qui caractérifoient les Chevaliers, ne peut-on pas trouver quelques autres moyens diftinctifs, fans ruiner nos *modes* qui font les meres nourrices de nos Manufactures, & dont les branches font fi étendues, qu'elles comprennent les trois quarts de la Nation ? Les marques réfervées à la Nobleffe ne feroient-elles pas fuffifantes pour les diftinguer du Peuple ? Les qualités qu'ils prennent dans les Actes publics, leurs armories, leurs livrées, leurs charges & emplois manifeftent fuffifamment ceux qui en font revêtus. Les richeffes ne diftinguent les perfonnes qui font d'un égal rang, que par le plus ou

F v

moins de dépenfes; pourquoi vouloir ôter cette prérogative & cette
fatisfaction à ceux qui l'ont méritée
par leurs travaux & leur induftrie,
s'ils ont acquis plus de biens que
ceux qui ont travaillé utilement
pour la Patrie, & pour eux-mêmes; non en Financiers & en Traitans, qui, jufqu'à leur extinction
ou à leur tranflation dans le Commerce, doivent faire plus de dépenfes que qui que ce foit, pour
reftituer au Roi, à l'Etat & au Peuple
leurs exactions.

CHAPITRE V.

Moyens de maintenir & augmenter les Productions & le Commerce.

APrès avoir démontré la né-cessité qu'il y a de soutenir la diversité de nos *modes*, je crois qu'il convient de parler des expé-diens convenables pour maintenir & augmenter le Commerce ; je ferai mon possible pour ne rien obmettre, & pour faire voir comment les Anglois, les Hollandois, & quelques autres Peuples ont établi, réglé & soutenu le leur ; je ferai connoître pourquoi celui de la France est diminué ; je présenterai l'état où il se trouve aujourd'hui, & comme on peut le secourir.

& lui donner un fondement inébran-
lable, en suppofant que le Roi ap-
prouve & faffe exécuter le projet
de Réformation.

L'on fuppofe, fuivant le projet,
l'établiffement du Vingtieme & du
Poids-le-Roi, la fuppreffion des impofitions arbitraires, celle des vingt-
quatre Fêtes & des Moines : l'on
fuppofe enfin que les Financiers
& les Traitans foient rentrés dans
la Société pour lui être utiles, ou
dans le Commerce, dans la Navigation, ou dans l'entreprife des Manufactures, le fervice militaire fur
terre, fur mer, dans les arts, les
métiers, l'agriculture, &c. que le
Roi jouiffe par l'adminiftration
fimplifiée de fes revenus doublés,
& que fes Sujets à l'abri des vexations des Gens d'affaires, poffedent
fans crainte leurs biens & les fruits

de leur industrie ; en un mot, que
l'Etat jouisse de cette liberté dont
il goûtoit la douceur avant l'intro-
duction du systême de finance : en
moins de dix ans, tout se ressen-
tiroit de l'abondance ; & la dixieme année, les François se croiroient rétrogradés au siécle d'or *(a)*:

L'abondance des bestiaux que la
mortalité a détruit seroit réparée ;
le sel devenu marchand, & à cinq
sols la livre, leur servant de préser-
vatif, les garantiroit pour l'avenir *(b)*.

Par leur abondance, la viande
étant moins chere, le Peuple seroit

(a) Voyez le Traité d'agriculture, &
celui de la conservation des grains, par
M. Duhamel Dumonceau.

(b) Voyez les Elémens du Commerce,
pag. 184 & 185, touchant la nécessité de
donner du sel aux bestiaux.

mieux nourri, la propagation plus confidérable & plus vigoureufe.

Le beurre & le fromage feroient plus communs, & nous nous paffe-rions de celui de nos voifins.

Il y auroit plus de laine, & nos Fabriques ne feroient plus obligées d'en tirer autant qu'elles font des dehors du Royame ; l'on s'appli-queroit à fe procurer d'Efpagne & de Barbarie le plus de moutons qu'il feroit poffible, pour les faire mul-tiplier en France.

Il y auroit plus de fuif, les peaux, les cuirs, les cornes ne feroient plus rares, & deviendroient à vil prix.

Les terres feroient plus engraif-fées, mieux cultivées, une plus grande quantité enfemencée ; enforte qu'au lieu de recourir chez nos voifins pour avoir du grain, on leur en fourniroit.

Il se recueilleroit plus de lin &
de chanvre pour fabriquer toutes
sortes de toiles, & nous n'aurions
plus besoin de ceux des Etrangers ;
nous pourrions au contraire leur en
vendre.

Il seroit trop long de détailler
tous les autres avantages qui résul-
teroient de l'exécution du projet ;
l'esprit juste peut aisément se les
représenter, & se convaincre qu'il
rentreroit beaucoup d'especes dans
le Royaume pour n'en jamais sortir, & y circuler dans toutes les
branches subdivisées à l'infini, &
toujours rapportées à la source, à
l'Etat, au Roi.

Pour accélérer la multiplication
du bétail, il seroit permis à tous
gens pécunieux que la Réforme du
systême de la finance rendroit à la
Société, & à toutes personnes de

faire commerce de leur argent, de
se rendre adjudicataire du vingtieme, de prêter aux Fermiers ou
autres gens de la Campagne qui
ne sont pas par eux-mêmes en
état d'acheter des bestiaux, de faire
des baux à *chetel* pour jouir de la
crûe par moitié; mais il faudroit
que ces bestiaux ne pussent jamais
être saisis pour le fait de ceux qui
les auroient en garde.

Il conviendroit aussi de faire publier de nouveau les Arrêts, Déclarations & Réglemens au sujet des
Haras, pour les faire mettre à exécution; les gens de la Campagne
étant par le projet dans une meilleur situation, se fourniroient avec
facilité de jumens; ainsi l'Etat ne
seroit plus forcé de faire sortir de
l'argent lors des guerres, pour réparer ou augmenter la Cavalerie &
les équipages de l'armée.

L'on ne peut se dispenser d'observer que cette partie a été trop négligée; il faudroit pour y remédier, engager la Noblesse & tous les Sujets qui possedent des terres en fiefs, d'entretenir tel nombre d'étalons & de jumens que leur domaine pourroit nourrir , & en donner l'inspection aux Commissaires du Commerce dont il est parlé au Chapitre XI *(a)*.

Pour ne rien obmettre de ce qui peut contribuer à l'abondance du Royaume, on doit ordonner à tous les Propriétaires ou Fermiers des biens en terre, d'élever des mouches à miel ; que celui dont le revenu sera de cinq cent livres par

---

(a) Voyez le Testament politique de Colbert, page 501.

an, aura au moins quatre ruches, celui qui fera de mille livres huit, & ainfi des autres à proportion du revenu ou du fermage, à peine de cinq livres d'amende pour chaque ruche manquante ; & cette condition feroit une des claufes des baux. Cette Ordonnance feroit avantageufe à l'Etat, & les Propriétaires ou les Fermiers fe trouveroient à la fin de chaque année un bénéfice en cire & en miel qui rendroit ces denrées plus communes, fans compter les effains qu'ils pourroient vendre ; & l'on ne feroit plus obligé de porter notre argent dans le Levant, pour avoir de ces marchandifes fi néceffaires.

Comme tous les climats ne font pas propres pour élever des mouches à miel, il faut y avoir égard & en expliquer la raifon par les baux ou par une déclaration du Propriétaire. Le grand hiver de 1709 gela en France tous les oliviers, les noyers, les châtaigniers, amandiers, figuiers, meuriers blancs & autres arbres fruitiers; ce qui a causé un dommage très-considérable: il n'eſt pas encore entiérement réparé, manque d'attention de la part du Gouvernement qui ne doit pas s'en reppoſer, lors des adverſités générales, à la prudence des Particuliers; ce ſeroit au Grand Maître des Jardins du Roi que le ſoin d'augmenter & entretenir les plantations devroit être confié.

Cette calamité a forcé de porter notre argent chez les Etrangers pour avoir de l'huile dont on ne peut ſe paſſer; nous en avions avant ce malheur en ſi grande abondance, que nous en répandions chez eux.

beaucoup, qui nous procuroit de l'argent en retour.

On peut fur cet expofé conclure qu'il eft forti une grande quantité d'efpeces du Royaume depuis 1709 pour ce feul objet; car fuppofant le prix de la Ferme des huilles de neuf cens mille livres par an, l'impofition ne pouvant être plus forte que d'un vingtieme, il s'enfuit qu'il eft entré chaque année en France vingt fois autant d'huile que le prix de cette Ferme, c'eft-à-dire, pour dix-huit millions d'efpeces que nous avons perdus.

Ce que je dis des oliviers doit auffi s'appliquer aux noyers, châtaigniers, figuiers, meuriers & autres fruits qui ne font pas moins néceffaires pour procurer l'abondance dans un Etat pour le Commerce, & pour fournir la fubfiftance des habitans.

Une perte si considérable auroit dû exciter tous les habitans à la réparer ; mais l'impuissance où ils ont été réduit par cette perte, & les fortes impositions dont ils sont surchargés, ont empêché plus des trois quarts de replanter ; car malgré l'envie que les hommes ont de se procurer du bénéfice , lorsque le pouvoir manque , l'on croupit dans la misere ; & si le Ministre ne fait pas d'attention au projet proposé, il est à craindre que la France ne déchoie de sa grandeur & de son opulence ; puisque la perte faite en 1709 n'est pas entiérement réparée.

Le moyen d'y parvenir, de se précautionner contre de si funestes événemens, & de parer à la négligence des hommes qui n'ont point de prévoyance pour leurs propres intérêts, seroit d'enjoindre par un Réglement à tous Seigneurs & Propriétaires de biens fonds en terre, d'entretenir des pépinieres de toutes sortes d'arbres fruitiers convenables aux terres qu'ils possedent, à peine, à l'égard des Seigneurs, d'être déchus de quelques titres & droits honorifiques de leurs terres, & aux Particuliers, d'une amende ; & d'ordonner qu'il ne seroit fait à l'avenir aucun bail à ferme, sans y inférer qu'il sera planté un tel nombre d'arbres, selon la convenance du climat & du terrein, que ce fût une clause du bail, sans laquelle il seroit nul ; & dans le cas où le sol ne seroit pas propre au plantage, d'en expliquer les raisons ; ajoutant que si le Fermier tenu de planter & d'entretenir le plant y manquoit, qu'il seroit condamné à une amende envers le Roi solidairement avec le Propriétaire.

L'Italie étoit autrefois le centre des Fabriques en étoffes de soie: les habitans de la ville de Lyon, & ceux de Tours firent leur possible pour en établir de semblables; il y ont si bien réussi, en faisant venir des Ouvriers habiles, qu'on peut dire avec vérité, qu'elles servent de modele aujourd'hui à toutes les Fabriques de l'Europe. Il est cependant à craindre que cette perfection ne dégénere par le peu d'attention qu'on a de conserver les Ouvriers, dont un grand nombre déserte journellement & va s'établir dans les Etats voisins; l'on s'apperçoit bien qu'il ne s'en fabrique plus la même quantité, d'autant qu'un Marchand étranger qui avoit coutume d'en acheter

cent piéces, n'en enleve à préfent
que dix pour fervir de modele &
de deffein à celles qu'il fait fabriquer chez lui.

Comme la foie eft la bafe de ces
fortes de Manufactures, la raifon
veut que ceux qui font fabriquer
des étoffes fur les lieux où elle fe
recueille, puiffent les débiter à
meilleur marché que le Fabriquant
qui emploie de la foie étrangere
augmentée de prix par les droits
de leur tranfport & le bénéfice
qu'en tirent ceux qui la mettent en
état d'être employée.

Pour éviter cette augmentation,
& pour que le Royaume puiffe produire de fon crû fuffifamment de
foie & faire tomber les Fabriques
étrangeres, il faudroit engager les
Ouvriers de revenir, rappeller les
Commerçans de l'Europe chez nous

&

d'eux comme cy-devant plus de dix millions d'argent en bénéfice qui se répandoient sur différens Particuculiers de l'Etat avant les établissements que nos Deserteurs ont fait dans les autres Royaumes; il ne faut que planter des Muriers.

Le climat de la France est un des plus temperés de l'Europe, cependant la seule récolte de la soie est celle qui a été la plus négligée, quoique cette récolte se fasse à peu de frais, promptement, & qu'elle emploie beaucoup de personnes de tout âge. La jeunesse sert à cueillir les feuilles de Muriers, à les choisir & à plusieurs autres détails très-faciles qui conduisent à la perfection de la soie. Jusqu'en 1600 on avoit ignoré en France l'art de la bien recueillir.

Ce fut en 1494, au retour de

l'expédition de Naples par Charles VIII. que les François qui avoient admiré les foies, dont ce Royaume abondoit, firent venir des plants de Muriers, & les firent élever en Provence (a); mais ce ne fut qu'en 1579, que Charles IX. établit le plantage des muriers dans le Royaume pour élever des Vers à foie, il ordonna qu'on prendroit annuellement fur les impofitions cent vingt milles livres pour fubvenir à cet établiffement: alors cent vingt mille livres, équivaloient à peu près à deux millions de nos efpeces d'apréfent; & comme les guerres ci-

____

(a) Les Provinces du Royaume qui font depuis le quarante-troifieme jufqu'au cinquantieme dégré de latitude, font propres à produire de la foie, de même dans tous pays où croît la vigne.

viles avoient empêché l'exécution de ces Réglemens, Henri IV. les renouvella en 1602 *(a)*. Le Languedoc, la Provence & le Dauphiné profiterent de cet avantage; les Muriers s'y font multipliés jusqu'à ce jour, & ils font une troisieme récolte; il y a d'autres Provinces où l'on peut établir ces plantations avec succès pour faire jouir ceux qui les habitent du même avantage.

A cet effet, il seroit essentiel de renouveller le pouvoir accordé par Henri IV. aux Commissaires par lui députés sur le fait du Commerce de France pour qu'ils veillassent à la multiplicité des Muriers, à la conservation & au nouvel éta-

____

(a) Voyez l'Histoire de ce Monarque par l'Evêque de Rhodès, page 470.

blissement des Manufactures de soie ; remettre en vigueur l'Arrêt du Conseil d'Etat du 14 Octobre 1602 , celui du 24 du même mois, les Lettres.Patentes du 7 Décembre suivant , le Contrat & le Résultat fait avec les Entrepreneurs de la plantation de Muriers , l'Edit du 16 Novembre 1605 & autres suivans, par lesquels on verra l'avantage de cet établissement.

Pour faire valoir nos Manufactures , qu'on ne sçauroit trop soutenir & multiplier ; il faut par toutes sortes de moyens attirer de l'Etranger les matieres qui peuvent y être employées : il faut avec une extrême attention retenir celles que nos Provinces produisent.

OBSERVATION.

Le climat de nos colonies de

l'Amérique est très-convenable pour produire abondamment de la soie ; il y a beaucoup de Muriers à la Louisianne, il ne seroit question que de les faire cultiver, d'y envoyer un nombre d'hommes & de femmes du Languedoc, du Vivaretz, de Provence & du Dauphiné qui soient dans l'usage de conserver & faire éclore la graine des Vers, de les nourrir, & d'en tirer la soie. Il ne faut pour se convaincre de l'utilité, de la réussite & de l'avantage de cette proposition, que jetter les yeux sur ce que font les Anglois à cet égard dans leurs colonies situées au même dégré de latitude que les nôtres ; & en les imitant, eux qui ont pris nos maximes pour l'œconomie de leur Commerce (ce que l'on prouvera bientôt) avant dix ans la France tireroit de cet établiſſement un très-grand avantage ; elle ne ſeroit plus obligée de faire ſortir pluſieurs millions pour acheter des ſoies d'Italie , d'Eſpagne , du Levant , de Perſe ; &c. on pourroit faire de pareils établiſſemens à la Martinique , à Cayenne & dans les autres colonies méridionales , peut-être même au Canada.

Il eſt ſurprenant de voir auſſi ſortir tous les ans du Royaume pluſieurs millions dont l'Angleterre profite pour nous fournir le tabac en feuille qu'elle tire de ſes colonies , dont la poſition du ſol , ainſi qu'on vient de l'obſerver , n'eſt pas plus avantageuſe que celle des nôtres qui produiroient autant & même plus de tabac que n'exige notre conſommation.

Si les Fermiers avoient ſçu penſer

au-delà de leurs intérêts momenta-
nés ; s'ils eussent voulu payer cette
denrée à nos colonies à un prix auquel
elles eussent pû trouver leur compte,
& par là leur donner de l'émulation
pour les engager à étendre & perfectionner leurs plantations, ils en
auroient tiré successivement plus
qu'il n'en auroit fallu pour le Royaume ; ils auroient pû en repandre
chez nos voisins, ainsi que les Anglois & les Hollandois font ; s'ils
eussent été obligé de le payer
d'abord un peu plus cher, par la
suite l'abondance en eut fait baisser
le prix sur les lieux, ils auroient
été indemnisés, & cet excédent qui
n'auroit tourné qu'au profit de nos
colonies, auroit été sans contredit,
avantageux au Commerce de l'Etat
& auroit ménagé notre espece, l'augmentant même par le versement
dans les pays voisins.

Des François senfés & connoif-
feurs qui ont demeuré à la nouvelle
Orleans, affurent que le tabac de
la Louifiane vaut mieux que celui
des colonies Angloifes : quand même il ne lui feroit qu'égal, n'eft-il
pas de la faine Politique de le pré-
férer ? Il feroit auffi très poffible &
très-utile d'engager toutes les colonies Françoifes à élever des mouches à miel, & chaque Colon à
avoir une quantité de Ruches pro-
portionnées à fes poffeffions.

Lorfque la Compagnie, dite de
Mififfipi, fit fes premiers établiffemens, on ne connoiffoit point l'é-
tendue du pays, ni la bonne qualité du fol. Les commencemens ne
furent point heureux, parce que
cette Compagnie ne permettoit pas
aux nouveaux habitans de tirer de
France les denrées dont ils avoient
befoin, elle les obligeoit de les

prendre dans ſes Magaſins aux prix qu'elle vouloit, elle les empêchoit encore de faire le retour des productions du pays en France pour leur compte; mais depuis que la Compagnie des Indes ne poſſede plus la Louiſianne, & que le Roi a permis à ſes Sujets de s'y établir & de commercer, cette liberté a donné de l'émulation, & quelques perſonnes intelligentes ſe ſont appliquées à examiner ce que le pays, qui a plus de huit cens lieues d'étendue, pourroit produire abondamment s'il étoit cultivé, & s'il plaiſoit au Roi d'accorder des vaiſſeaux pour paſſer les familles *gratis*, en fixant & publiant le tems des départs. Les frais que l'Etat avanceroit à ce ſujet, ſeroient bientôt remplacés par des retours avantageux au Commerce de la France & des Colons.

Outre le tabac & le ris, l'on peut encore cultiver avec succès le caffé, le cotton, les meuriers & retirer beaucoup de soie, de miel, de cire, de bois de teinture, de marqueterie & d'autres bois propres à la construction des vaisseaux; on peut aussi faire valoir avec avantage la graine des arbres appellé cirier, laquelle jettée dans l'eau bouillante, rend une espece d'huile qui surnage, & qu'on recueille avec des écuelles, après qu'elle est réfroidie & figée, elle produit une espece de cire dont on fait des bougies très-bonnes qui rendent une odeur très agréable en brûlant; il seroit fort aisé aux Colons de multiplier ces arbres.

CHAPITRE VI.

Inconvéniens des droits de sorties sur les denrées.

ON a pensé jusqu'à présent qu'il suffisoit de charger nos denrées non ouvrées de droits pour empêcher qu'elles ne sortent du Royaume, cet expédient n'a pu en retenir qu'une partie, la permission qu'ont les Marchands de les faire exporter en payant les droits, a été une source d'abus, soit en trompant les Commis, soit en s'entendant avec eux. On répliquera sans doute qu'il faut apporter plus d'attention & chercher les moyens de parer à la fraude ; mais cela ne peut remédier à l'infidélité & à la corruption des Commis inférieurs, & des Gardes qui ont très-peu de gages, fuffifans à peine pour les nourrir, les Commerçans avec de l'argent fçavent les féduire pour laiffer paffer trois ou quatre fois plus de marchandifes que celles dont ils acquitent les droits, fi la fortie en étoit totalement interdite fous de rigoureufes peines, rien abfolument ne fortiroit, du moins ce feroit avec tant de rifque que perfonne n'oferoit y contrevenir, l'on doit à cet égard fe conformer aux Anglois qui ne laiffent jamais fortir de laines & d'autres matieres propres à leurs Manufactures.

On pourra à cette maxime faire deux objections. La premiere que ce feroit contrevenir aux traités de paix faits avec l'Angleterre & la Hollande; la feconde que nos Provinces produifent beaucoup plus de denrées qu'il ne nous en faut, & il eft de notre intérêt de vendre aux Etrangers le furplus, & de les engager à les venir prendre.

La réponfe eft facile à faire ; en premier lieu les traités de Commerce faits avec l'Angleterre & la Hollande ne peuvent faire obftacle, puifque la défenfe feroit faite à toutes perfonnes indiftinctement, il ne leur eft permis que de tirer les marchandifes dont la fortie n'eft point défendue à tous les Regnicoles ; ainfi les Etrangers n'auroient aucuns motifs de plaintes.

En fecond lieu, relativement au défaut du débit de nos denrées & marchandifes ; il n'y a rien à craindre, il faut diftinguer celles que la nature rend commune à tous les pays du monde où on a le choix, de les aller chercher, & celles qui ne croissent que dans certains climats qui y sont propres, & d'une qualité plus excellente qu'ailleurs ; telles sont nos vins, nos eaux-de-vies & notre sel, à quoi l'on peut ajouter tout ce qui concerne nos modes. Les autres pays produisent bien des vins, mais ils n'approchent pas de la bonté de ceux de France, pour l'usage ordinaire. Il en est de même de nos eaux-de-vies qui sont bien meilleures lorsqu'elles proviennent de petits vins : ce qui est très-remarquable dans celles de la Rochelle, de l'Isle de Ré & de Nantes ; celles des autres contrées sont trop fortes & trop violentes. Notre sel nourrit la chair & le poisson, celui d'Espagne, de Portugal & d'ailleurs, les corrodent & les consument, ils ne peuvent guères servir que mêlé avec celui de France ; ainsi les Etrangers ne pouvant avoir que chez nous de bons vins, de bonne eaux-de-vie de bon sel & des modes, ils s'empresseront toujoürs de les venir enlever. Les Anglois & les Hollandois qui connoissent l'avantage que la France peut tirer de la qualité de son terroir, & de l'industrie des habitans, n'ont rien oublié pour dégouter leurs peuples, & nous ôter le débit de nos denrées. Au commencement des guerres, ils ont eu attention de redoubler les défenses de tirer de nous des vins & des eaux-de-vies. Ils établirent même cy-devant des Manufactures d'eaux-de-vies de grains, qui ne leur ont pas réussi, ils furent forcés de fermer les yeux aux envois & aux entrées de ces marchandises, publiant qu'elles procédoient des prises faites sur nous ; nous avons la preuve assurée du contraire, puisque nos vins & nos eaux-de-vies ne se vendirent pas en moindre quantité, encore que nous ayons eu quelques années moins fertiles & on n'en a pas moins trouvé dans les armées, en Flandres & & en Allemagne, nonobstant les défenses des Alliés, d'en introduire chez eux. Que deviendroit le commerce des Anglois, des Hollandois dans le Nord, en Suede, en Pologne, en Dannemarck, en Moscovie ; & dans toute l'Allemagne ; sans nos vins, nos eaux-de-vies, notre sel & nos Manufactures, sans ces marchandises il faudroit qu'ils renonçassent au Commerce de ces parties de l'Europe.

Quel bonheur pour nous si nous y portions nous-mêmes nos denrées

& nos marchandifes ! Nous y établirions un très-grand commerce, qui feroit également avantageux aux Etrangers & à la France, parce que nous pourrions leur donner nos marchandifes & nos denrées à meilleur marché que les Anglois & les Hollandois.

Nos commerçans marins pourroient tranfporter dans leurs vaiffeaux, fur toutes les côtes du Nord les denrées procédant de notre crû, telles que les vins, les eaux-de-vies, le fel, le verdet ou verd de gris, le paftel, les fruits fecs, le fucre rafiné de nos colonies, les toilles & autres produits de nos Manufactures ; & fe charger en retour de falpêtre, de peaux, de cuivre, de raifins, de bois, de mature, de graine, de lin, de riga, de cendre & potace pour les blanchifferies, &c.

Mais ce font les Anglois & les Hollandois, qui viennent charger dans nos Ports nos denrées, qui les tranfportent, les vendent ou les échangent avec un gros profit, & qui nous rapportent celles qu'ils rechargent avec un bénéfice pour eux.

A l'égard des droits de for- tie & d'entrée du Royaume, les Regnicoles les payent également au Roi : ainfi Sa Majefté ne fe- roit pas lezée à cet égard, & fi nos Négocians marins imitoient nos voifins, ils fe procureroient, & à la Nation, le bénéfice que font ces derniers : ce font là des vérités fra- pantes ; & il eft étonnant que les Miniftres n'y faffent point d'atten- tion ; mais il faudroit que nos Né- gocians établiffent à l'exemple des Hollandois & des Anglois, des comptoirs dans toutes les Villes commerçantes.

Il y a deux fortes de droits de fortie, fur lefquels on doit faire attention.

Le premier eft fur les marchandifes qui ne font point perfection-nées, mais qui fervent de matieres aux Manufactures étrangeres telle qu'eft la laine, le lin : ce droit ne fçauroit être trop fort, & ce font ces matieres dont on doit abfolument défendre la fortie.

Le fecond eft celui qui fe perçoit fur les marchandifes perfectionnées & ouvrées en France, qu'il faut diminuer & fe bien donner de garde d'augmenter, pour n'en pas diminuer le débit. On doit le faciliter par toutes fortes de moyens, & ce feroit agir contre l'intérêt de l'Etat que de les charger d'un double droit de fortie.

Nous ne ſaurions trop mettre de doubles droits d’entrée ſur les marchandiſes ouvrées des Etrangers, & trop ouvrir nos Ports pour laiſ-ſer ſortir les nôtres. Qu’importe de quelles manieres on les tranſporte, pourvu qu’elles ſortent & que les Etrangers les conſomment. Cela ſeroit différent, ſi nous avions aſſez de vaiſſeaux pour les aller vendre nous-mêmes. Il faut donc attendre que notre Navigation ſoit augmen-tée, & que nous ayons accoutumés les Etrangers à recevoir nos mar-chandiſes de nous-mêmes.

Je ne prétens pas par ce que je viens d’expoſer, qu’il faille inter-dire le commerce de France aux Etrangers : au contraire, il eſt in-téreſſant de leur laiſſer la liberté de nous apporter les denrées & les matieres non ouvrées qui croiſſent chez eux, qui ſont utiles à nos

Manufactures ou qui nous manquent, & que nous pourrions néanmoins aller chercher pour les avoir
de la premiere main.

On dira peut-être, (je le répete)
qu'en défendant les sorties du
Royaume de nos matieres crues,
propres aux Manufactures Etrangeres, l'on priveroit le Roi des
droits que ces matieres & ces marchandises lui payent : j'en conviens,
ou nous avons un véritable intérêt
de les retenir ou nous n'en avons
aucun.

Si dans la vue de ce même intérêt, on les a cy-devant chargé
de gros droits pour empêcher la
sortie ; cet intérêt étant réel, ces
droits établis ne se percevant pas,
le Roi étoit privé du produit ; d'ailleurs, ce produit est-il si considérable, & peut-il être comparé à

l'avantage que Sa Majefté & l'Etat doivent efpérer de la défenfe abfolue de ces matieres crues. Le Roi ne peut qu'y gagner ainfi que les fujets ; parce qu'au lieu de fortir crues elles fortent ouvrées , Sa Majefté en recevra de plus forts droits, & les ouvriers jouiront du bénéfice de la main d'œuvre.

Si le Royaume eft pauvre , le Roi peut il être riche ? La richeffe d'un Monarque eft toujours en raifon de l'opulence de fon peuple.

Quand le Royaume eft rempli d'argent, que les habitans font riches, (ils ne peuvent l'être que par leurs Manufactures) ; le Roi peut-il jamais manquer d'avoir de gros revenus?

CHAPITRE VII,

*Où l'on prouve que les François font
les premiers qui ont entrepris les
voyages de long cours.*

IL eſt prouvé par les Commen-
taires de Céſar, que les habitans des Provinces des Gaules,
étoient conſidérés par cet Empereur comme les plus habiles marins, que même il s'en ſervoit
pour paſſer en Angleterre ; nous
apprenons par l'Hiſtoire que les
François ſont les plus habiles & les
plus intrépides navigateurs, qu'ils
ont été les premiers qui ayent découvert & conquis les pays maritimes ; que les Portugais, les Eſ-
pagnols, les Anglois & les Hollan-

dois occupent aujourd'hui ; que si on
nous ne nous y sommes pas main-
tenus, c'est par le peu de constan-
ce que nous avons eu pour conserver nos possessions, ou bien par
rapport aux inconvéniens que l'on
va expliquer.

En 1417, sous le regne de Charles VI. Jean de Bethaucourt, Gentilhomme Normand, fut envoyé
par Urbain de Braquemont, Amiral de France, pour découvrir les
Isles Canaries & autres situées au-
près de la côte d'Afrique à l'Ouest,
& après les avoir conquises, il les
laissa à la garde de Maillot de Bethaucourt son neveu ; lequel voyant
que son Oncle ne revenoit point,
& ne lui envoyoit pas de secours
pour maintenir ces possessions, les
vendit à Dom Henri III, fils du
Roi de Portugal, qui s'en servit
comme

comme d'entrepôt pour aller plus avant à la découverte. Ces Isles sont présentement possédées par les Espagnols.

La raison qui obligea Bethancourt d'abandonner son neveu, fut la guerre qui survint entre Jean de Bourgogne & les enfans de Louis Duc d'Orléans, frere de Charles VI. Cette guerre dura quarante ans.

Les Bretons & les Normands avoient découvert le Brésil, & ils faisoient le commerce sur la riviere Saint François long-tems auparavant qu'Americ Vespuce en eut fait la découverte. Il est prouvé par l'histoire de ce tems, que l'on y trouva des vaisseaux de Dieppe; que même les Espagnols transportant une grande partie des trésors qu'ils avoient enlevés à Montezuma Roi du Mexique, furent rencontrés d'un

vaisseau François qui s'empara de
ces trésors par la force des armes,
& qui périt en revenant en France.

En l'année 1504 les Bretons , les
Basques & les Normands découvrirent le Banc de Terre-Neuve.

En l'année 1520 les freres Par-
mentiers découvrirent l'isle de Fer-
nanbourg.

En l'année 1524 Jean Vezerard
par l'ordre de François I. vogua depuis le Cap Breton jusqu'à la Flo-
ride & à la Virginie. Vers le même tems Guerard & Roussel de
Dieppe découvrirent en Amérique
le Marceynon , avant que les Espagnols y eussent été.

En 1534 le Canada fut découvert
par Jacques Cartier de S. Malo qui en
avoit reçu l'ordre de l'Amiral Cha-
bot. En 1540 & 1543, Cartier y re-
tourna avec La Roque de Roberval,

& y fortifia le Cap Breton. Depuis ce tems les François s'y sont toujours conservés ; & si cette Colonie fut si long-tems à se perfectionner, c'est que François I, qui avoit ordonné en 1537 & 1543 d'équiper des vaisseaux pour faire le commerce aux Indes Orientales & Occidentales, fut obligé de soutenir la guerre contre Charles-Quint, qui fut continuée sous les regnes d'Henri II & de Philippe II. Cette longue guerre interrompit l'exécution des desseins de François I, & empêcha ses Sujets de pénétrer & faire des établissemens dans les Indes Occidentales & Orientales & dans les autres lieux que les Espagnols & les Portugais, les Anglois & les Hollandois occupent aujourd'hui.

En 1559 la paix étant cimentée par le mariage d'Elisabeth de France avec Philippe II Roi d'Espagne, on donna beaucoup d'attention à la navigation & au commerce ; mais bientôt on en fut détourné par de nouveaux malheurs ; les guerres civiles survinrent, & durerent pendant les Regnes de François II, de Charles IX, d'Henri III, & une grande partie de celui d'Henri IV.

La paix de Vervins étant survenue en 1598, ce grand Roi s'attacha fortement à perfectionner les Arts, & particuliérement les Manufactures & le commerce tant du dedans que du dehors de son Royaume. Ces deux nerfs de l'Etat étoient presque alors paralytiques ; son dessein étoit de faire des établissemens par toute la terre habitable ; mais le parricide Ravaillac, qui coupa le fil d'une si glorieuse vie, en empêcha l'exécution.

En 1617, le nommé le Lievre de

Honfleur partit de Dieppe avec trois vaiſſeaux fretés par trois Négocians pour faire le voyage des Indes Orientales ; ayant doublé le cap de Bonne-Eſpérance, il arriva à Sumatra, à Java & à Achin où il fut très-favorablement reçu des Rois de ce pays, qui lui accorderent leur protection pour faire le commerce dans leurs Etats, malgré la jalouſie ordinaire des Hollandois qui le traverſerent autant qu'ils le purent.

En 1619, il partit encore de Dieppe trois autres vaiſſeaux, l'un deſquels appellé le Montmorency étoit commandé par Auguſtin de Beaulieu, natif de Rouen, qui, après avoir mouillé l'ancre à Rufiſque, à Tingrin, à la baye de la Table, à celle de S. Auguſtin, dans l'Iſle de Madagaſcar, dans l'Iſle d'Angoſe, au cap Fin & à Quadufu, arriva enfin à Sumatra où il fut très-bien reçu. Il y chargea du poivre, & revint enfuite en France en 1622.

Sous le Regne de Louis XIII M. le Cardinal de Richelieu qui étoit le plus grand génie de fon fiécle, & le Miniftre le plus éclairé que la France ait eu, fçachant qu'il n'y avoit rien qui enrichît & maintînt autant un Etat dans la fplendeur que le commerce, voulut, à l'exemple de François I & de Henri IV, l'établir dans les Indes Orientales & Occidentales. A cet effet il forma une Compagnie en l'année 1626 pour l'Ifle S. Chriftophe & autres fituées dans l'Amérique, fous la conduite de Nambuc & de Roffey; ils partirent avec trois vaiffeaux le dernier Février 1627 pour aller prendre poffeffion & peupler ces Ifles.

Régimont de Dieppe a aussi fait plusieurs voyages de long cours, pendant lesquels il prit connoissance des côtes d'Afrique depuis le cap de Bonne-Espérance jusqu'à la mer Rouge. Il visita aussi les rives de l'Arabie Heureuse, le Golfe Persique, les terres du Grand Mogol, où ayant reconnu le trafic & la navigation qui se faisoient toutes les années par les Nations Orientales du Royaume de Duel, Surate, Goa, Marsingues & autres lieux des Indes qui fournissent aux foires de la Méque pour les y vendre, & en faire le retour en argent ou en Marchandises; & voulant profiter des connoissances qu'il avoit acquises à son retour en France, il fit en 1635 une société avec plusieurs Commerçans, & repartit pour les Indes Orientales,

H iiij

d'où il revint très-richement chargé
en 1637.

Le succès l'ayant fait résoudre
d'établir un grand commerce dans
les Indes, il s'embarqua de nouveau
pour aller à Surate, où étant arrivé
il fit connoissance avec un Capitaine
Anglois qu'il régala dans son bord;
l'Anglois feignant de vouloir prendre sa revanche, convia Régimont
à venir dîner dans son Navire; mais
il ne fut pas plutôt entré qu'on l'ar-
rêta prisonnier. Régimont se voyant
trahi, cria aux hommes de sa cha-
loupe de se sauver; & quoique leur
Vaisseau fût attaqué cela ne les empêcha pas de suivre le projet que Régimont avoit fait de prendre terre
dans l'Isle de Madagascar, où étant
arrivés ils reconnurent que cette
Isle étoit fertile & très-commode

pour y faire un entrepôt, n'étant éloigné des Indes que de mille à douze cent lieues. Ils chargerent leur Vaiſſeau de beaucoup de marchandiſes : & revinrent en France, où Régimont étoit auſſi arrivé, il leur rapporta que le Gouverneur de Surate devant lequel l'Anglois l'avoit accuſé d'être Pirate, ayant horreur de cette perfidie, l'obligea de le ramener en France, & de lui rapporter le certificat de ſon retour. Il manda à Régimont de retourner à Surate, lui promettant qu'il donneroit aux François des lieux de ſûreté pour établir des magaſins. Il lui envoya même des paſſeports, & chargea Régimont d'aſſurer le Roi ſon Maître, qu'il auroit une très-grande attention pour les François.

Sur les rapports de Régimont &

par les soins de Rigaud. Il se forma une Compagnie de vingt-quatre personnes riches, à laquelle M. le Cardinal de Richelieu accorda le 24 Juin 1642 une commission pour faire seule la Navigation & le Commerce de l'Orient, & le Roi autorisa cette permission par ses Lettres Patentes du 20 Septembre de la même année.

Telle est l'origine des Compagnies des Indes Occidentales & Orientales ; si elles n'ont pas eu d'abord tout le succès qu'on devoit en espérer, c'est parce que celle de l'Amérique n'avoit qu'un fond de quarante mille livres ; ainsi elle ne pouvoit faire de grands progrès dans une entreprise si considérable. A l'égard de celle de l'Orient M. le Cardinal de Richelieu qui en étoit le

Protecteur , mourut en Décembre 1642, & Louis XIII le 14 Mai de l'année suivante.

Le Cardinal de Mazarin étant devenu premier Miniſtre pendant la minorité de Louis XIV , ne ſongea qu'à faire la guerre à l'Eſpagne, à l'Empereur , & à ſe ſoutenir dans le Miniſtere ; ainſi les deux Compagnies de Commerce n'étant plus protégées , & la guerre troublant la Navigation , les Intéreſſés ſe rebuterent. Ceux d'Occident vendirent à la Religion de Malthe les Iſles de S. Chriſtophe , les Forts , & tout ce qui dépendoit d'eux.

La Religion de Malthe garda cette Iſle juſqu'en 1664 , qu'elle la rétrocéda à la Compagnie Occidentale qui ſe forma alors de ce qu'il y avoit de plus habiles Négocians.

La Compagnie Orientale perdit

donc son Protecteur cinq ou six mois après son établissement. Madagascar qui devoit être l'entrepôt général ne fut pas assez soigneusement conservé ; il n'y avoit pas suffisamment de François pour se maintenir contre les habitans de cette isle.

L'infidéle conduite de Provin, Directeur de la Compagnie fut la cause du mauvais succès de l'entreprise ; il avoit formé le dessein de s'emparer de l'isle, & pour y réussir il avoit épousé la fille du Roi du pays.

Cette Compagnie cessant d'être protégée par le Ministere n'eut plus la force de supporter le poids d'une si grande entreprise.

Enfin le Maréchal de la Meilleraye s'empara de l'isle de Madagascar au préjudice de la Compagnie.

Depuis la décadence de ces pre-

mieres Compagnies, plusieurs se sont
formées à Nantes , à S. Malo , à
Rouen & dans d'autres villes maritimes , elles ont établis des habitations pour faire le commerce dans
les Isles de l'Amérique , dans la Guinée , au cap Vert , au cap Blanc &
au cap Nord , &c.

Si les périls du commerce de mer
sont plus grands & les risques plus
ordinaires, les profits y sont aussi plus
considérables. C'est de-là que nous
viennent tant de fortunes brillantes
acquises par des voyes légitimes , &
qu'il faut bien se garder de confon-
dre avec ces fortunes rapides &
odieuses nées des miseres publiques
& teintes du sang d'une infinité de
malheureux.

Tout ce qu'on vient de rapporter
prouve que les François sont capables de faire de grandes entreprises

& des voyages de long cours , de commercer & de pénétrer chez les Nations les plus éloignées ; Que si la Marine Militaire étoit établie sur le pied du projet, pour protéger nos Navigateurs , & que le Commerce fut lui-même protégé ; la France par sa force, la fertilité de son climat, la multitude, l'industrie & le courage de ses habitans, deviendroit la partie de l'Europe la plus riche & la plus respectée.

CHAPITRE VIII.

Etabliſſemens de Compagnies puiſſan-
tes pour le Commerce Mari-
time en 1664.

LOUIS XIV dont le génie ſu-
blime s'élevoit à tout ce qu'il
y avoit de plus grand, conſidérant
que le commerce de mer & les
voyages de long cours étoient un
moyen infaillible, ou pour mieux
dire le ſeul qui pût procurer l'abondance & la richeſſe d'un Royaume,
ſur-tout celui de la France preſque
enveloppé par l'Océan & la Mediter-
ranée, & ſitué au milieu de l'Europe ; s'étant fait informer des raiſons
pour leſquelles les entrepriſes en
Orient & en Occident n'avoient
pas proſpérées, particuliérement

fous les régnes d'Henri IV & de
Louis XIII. jugea qu'il n'étoit point
poffible de réuffir ; fi l'on ne formoit
des Compagnies puiffantes par elles-
mêmes & protégées du Souverain ;
c'eft ce qui donna lieu en 1664 d'é-
tablir celles qui font connues fous
les noms de la Compagnie des Indes
Orientales, & de la Compagnie des
Indes Occidentales.

La premiere fut compofée non-
feulement des Marchands & Négocians les plus riches de toutes les
grandes villes du Royaume , mais
encore de plufieurs Princes, Ducs &
Pairs, Comtes, Marquis, Préfidens,
& autres Officiers tant d'épée que
de robe.

La feconde fut pareillement compofée de nombre de Négocians &
autres perfonnes de toutes conditions fupérieures pour faire le com-

merce, tant dans les Isles Françoises de l'Amérique , au Canada , dans l'Accadie & Cayenne , qu'au Sénégal , aux côtes de Guinée & autres lieux de l'Afrique.

Il se forma aussi une Compagnie du Nord pour faire le commerce sur la mer Baltique & sur les fleuves qui vont s'y décharger.

Enfin une autre Compagnie du Levant pour le commerce de toutes les échelles qui sont sur la Méditerrannée.

Sa Majesté désirant de fortifier ces Compagnies .& les mettre en état de se soutenir , voulut bien s'y intéresser elle-même pour des sommes considérables. Elle leur accorda de grands privileges : cependant l'Occidentale a eu le plus heureux & le plus constant succès ; & la France en a retiré & en retire encore de

grands profits, puisqu'on a vu jufqu'à cent Vaiſſeaux chaque année
employés au commerce, qui ont apportés pour pluſieurs millions de
marchandiſes, dont les droits d'entrées très-conſidérables retournent
au profit du Roi, & le bénéfice ſur
les ventes, à l'avantage de l'Etat;
ce qui d'ailleurs a diminué d'autant
le commerce des Hollandois où ces
marchandiſes arrivoient cy-devant,
particulierement les ſucres qu'ils ra-
finoient & qu'ils tranſportoient en-
ſuite dans toute l'Europe. La perte
qu'ils ont fait de cette ſeule branche
a ruiné plus de trente Rafineries
dans la ville d'Amſterdam, de même
que celles de Midelbourg & de Fleſ-
ſingue, qui par le bénéfice de ces
rafineries s'étoient beaucoup ac-
crues & enrichies; mais leur chute
a tellement incommodé les Négo-

cians de ces villes, que la plûpart
firent banqueroute peu après que le
rafinage fut établi en France.

Les guerres que Louis XIV a été
obligé de soutenir pendant long-
tems ont nui extrêmement à cette
Compagnie.

Rien n'est si intéressant pour le
Royaume que de remettre & d'entretenir les choses dans leur premier
état.

La Louisiane, belle contrée, ter-
rain excellent, où tout croît en
abondance, quoique négligée, mé-
rite toute l'attention possible.

L'exemple de notre puissante
Compagnie des Indes Orientales
qui produit au Royaume de très-
grands avantages doit porter les Négocians, les Particuliers, & même
les Nobles à former des Sociétés
générales ou particulieres à l'instar

de celles qui dès les premiers tems ont établi le commerce maritime en France ; mais avec plus de conftan ce & de précautions pour fe procurer les bénéfices qui fe peuvent tirer de la Louifiane, fur les vaftes rives du Miffifipi , & d'autres établiffemens fur les côtes de l'Amérique vers le Sud , en profiter par les échanges & les retours.

' Il convient d'obferver que ces grandes entreprifes exigent qu'on ait de la patience ; les premieres difficultés ne doivent pas rebuter ; les commencemens ont toujours des inconvéniens qui réfroidiffent les plus déterminés ; mais la conftance, la fermeté & une bonne régie viennent enfin à bout de tout. Je rapporterai pour preuve de cette maxime les foins, les peines & les dépenfes des Hollandois dans la naiffance de la République établie fur un point prefque imperceptible du globe terreftre, qui par leur perfévérance, font devenus fi riches , fi puiffans, qu'ils ont l'honneur de figurer dans l'Europe & dans les autres parties du monde avec les plus grands Potentats.

L'origine du fameux commerce de la Hollande eft dû à quelques Négocians Zélandois qui s'aviferent de faire divers voyages aux Indes Orientales en 1592 , & qui, pour éviter les incommodités que l'on fouffre ordinairement vers l'équinoxe, réfolurent de chercher un paffage par le Nord, de côtoyer la Tartarie, defcendre dans la Chine & dans les Indes. Cette entreprife ne leur ayant pas réuffi , ils ne perdirent pas l'efpérance.

Les Zélandois firent une Compagnie où se joignirent quelques Marchands d'Amsterdam , & tous ensemble ils équiperent une Flotte de quatre Vaisseaux qu'ils envoyerent aux Indes par la route ordinaire, sous la conduite d'un nommé Corneil Outheman qui sçavoit la langue Portugaise. Le secret est la vraie route de la Navigation ; il partit en 1595 , & revint au bout de deux ans quatre mois sans rapporter ancun profit. Quoique cette disgrace dût faire perdre courage à ces Négocians , ils conserverent néanmoins l'espérance de réussir dans leurs desseins ; ils formerent une nouvelle Société à Amsterdam, qui équipa & fit partir huit Vaisseaux pour les Indes Orientales.

En 1598 & 1599 il se forma encore en Zélande une troisieme Compagnie séparée des deux précédentes ;

elle envoya quatre Vaiſſeaux ; enfin pluſieurs Négocians de la Hollande formerent diverſes Compagnies pour faire de ſemblables voyages que les premiers, ſans attendre qu'ils fuſſent de retour pour leur apprendre le ſuccès de leur entreprise.

Mais les Etats de Hollande craignant que toutes ces Compagnies ne ſe nuiſiſſent, jugerent qu'il ſeroit très-difficile de conſerver le commerce dans les Indes autrement que par une forte Compagnie dont la miſe fut conſidérable ; ils inviterent les Particuliers de s'unir pour ne faire qu'un Corps.

Tous les Intéreſſés acquieſcerent à la propoſition, & c'eſt ce qui donna lieu à la Compagnie générale des Indes Orientales qui ſe forma en Hollande en 1602, à l'exclu-

fion de tous les Négocians des Provinces-Unies auxquelles les Etats
défendirent de faire aucun trafic ni
commerce depuis le cap de Bonne
Espérance, jusqu'aux extrémités de
la Chine.

Cette Compagnie générale fit un
fond de six millions six cens mille
livres qui fut employé à l'équippe-
ment d'une Flotte de quatorze Vaif-
seaux ; elle partit au mois de Février 1603 ; & une autre suivit la
même route en Décembre de la
même année.

Toutes ces Compagnies particulieres formées depuis 1592, jusqu'en
1605, qu'elles se réunirent, c'est-à-
dire, pendant treize années, n'a-
voient eu aucun profit ; au contraire
elles avoient perdu ; mais au retour
des deux dernieres Flottes il se trouva un profit si considérable, qu'en
l'année

l'année 1605, les Intéressés partage-
rent le bénéfice sur le pied de 75
pour cent.

Cette Compagnie a toujours fait
depuis son établissement des profits
si considérables, qu'elle n'a pas seulement enrichi ceux qui y avoient
intérêt, & les Négocians particuliers qui ont acheté & vendu les
marchandises ; mais encore la République elle-même, par les droits
d'entrée & de sortie, & l'on peut
dire que sans ces prodigieux revenus & la protection de nos Rois,
les Provinces-Unies n'auroient jamais pu résister à la Puissance des
Souverains d'Espagne, ni faire une
paix telle que celle conclue à Muns-
ter en 1648, ni résister ensuite à
Louis XIV, avec lequel ils ont fait
les trois fameuses paix de *Nime-*

que, *Rifwick*, & *Utrecht* qui leur font fi avantageufes.

L'on voit clairement que la Puiffance des Hollandois prend fon origine de la réunion qui fut faite en 1602, de toutes les Compagnies particulieres, fans quoi elle n'auroit jamais réuffi dans les Indes Orientales : car il n'y auroit qu'une union de cette force, & de la maniere dont elle a été compofée & gouvernée, qui put foutenir une telle entreprife.

Tout ce qui vient d'être dit, prouve que la Navigation eft la chofe la plus néceffaire au commerce, & conféquemment à la richeffe des Etats ; foit pour aller chercher des marchandifes de la premiere main fur les lieux où la nature les produit à l'ufage des habitans, ou celles des Manufactures dont on ne peut se passer ; soit pour transporter soi-même aux Etrangers nos productions qui leur manquent (*a*).

(*a*) Voyez le Testament politique de Colbert, page 190 & 191.

CHAPITRE IX.

Avantages particuliers de la Navigation.

PAr la navigation, l'Etat fait un très-grand profit, parce que la dépense qu'il faut faire pour la conſtruction, l'équipement & l'avitaillement des vaiſſeaux, qui eſt toujours conſidérable ; ſe fait au-dedans de l'Etat ; les habitans ſeuls en profitent, & par-là pluſieurs de nos concitoyens ont le moyen de vivre & de gagner, & le profit ne paſſe pas aux Etrangers.

La navigation occupe un très-grand nombre de Sujets d'un Etat, principalement ceux des rives maritimes nés pour la mer, preſque inutiles à toute autrechofes, & qui, faute de navigation, fe trouvent comme forcés de fe répandre dans les autres pays, & de paffer au fervice des Etrangers. C'eft ce qui eft arrivé dans le tems où nous avons ceffé de naviger ; lorfqu'ils s'expatrient, nous perdons doublement; nos côtes fe dévaftent, nous ruinons notre navigation en augmentant celles de nos voifins. On a beau défendre aux marins de fortir du Royaume, la mer eft leur élément : fi nous ne les employons pas chez nous, il faut abfolument qu'ils aillent chercher de l'occupation ailleurs.

La France a un grand nombre de perfonnes propres à la navigation, mais cela ne fuffit pas : elle demande une grande dépenfe qui ne peut fe faire que par les Sujets les plus riches ou plusieurs joints ensemble ; on ne peut les engager à cette dépense que par l'espérance d'un profit évident ; si la réformation du systême de la Finance s'exécutoit, il se trouveroit un très-grand nombre de Gens d'affaire, qui ne sçachant plus où placer leur argent, pour en retirer un gros intérêt & un très-grand profit ; s'associeroient & feroient le commerce maritime, & au lieu de ruiner l'Etat comme ils font depuis leur établissement, l'enrichiroient en s'enrichissant eux-mêmes légitimement par le commerce : ce qui occuperoit un plus grand nombre de gens de mer, & donneroit beaucoup plus de travail aux constructeurs, charpentiers, calfateurs, cordiers, voiliers, tisserans, forgerons & à une infinité d'autres

hommes , & les laboureurs feme-
roient beaucoup plus de chanvre ,
dont ils tireroient un grand avantage : enfin fi notre commerce de
mer devenoit aufli confidérable
qu'il pourroit l'être , il donneroit
à une très - grande multitude
d'hommes, les moyens de confom-
mer les fruits de la terre , & de fe
procurer les commodités qu'inven-
te le travail induftrieux.

CHAPITRE X.

Sur l'inexécution des Ordonnances touchant le Commerce.

LEs Anglois ont trouvé les Ordonnances de nos Rois, sur le fait du commerce maritime, si sages, si convenables pour leur Gouvernement & si avantageuses à leur Nation, qu'ils les ont adoptées & mises en vigueur, avec une extrême sévérité contre tous les habitans de la terre ; c'est par l'esprit de ces Ordonnances, qu'ils donnent l'activité & qu'ils soutiennent leurs Manufactures, les Arts & les Metiers, leur marines, leur colonies & leurs richesses. En voici dix-neuf articles qu'il seroit à souhaiter pour le bonheur de la Monarchie, que le miniftere n'eut jamais perdu de vue.

Quelques Villes & même une Province de plus, font moins intéreffantes à la grandeur de la France que le plus petit privilege du commerce relaché ou cédé à l'Angleterre ou à la Hollande.

Par le premier article il n'eft point permis à aucune Nation d'apporter ni d'envoyer en Angleterre des marchandifes, elle ne reçoit que celle du crû de cette Nation ou de la Fabrique de fes habitans, encore cette Fabrique eft-elle limitée à celle qui ne peut nuire aux Manufactures établies chez elle, on ne peut l'y apporter que dans des vaiffeaux de la Nation; c'eft-à-dire, qu'un bâtiment Hollandois, Suedois, &c. ni feroit pas reçu avec du vin, de l'eau-de-vie ou du fel de France. L'Hollandois ne peut aborder l'Ifle qu'avec des toiles fines, ou propres à faire des voiles, parce que le lin croit en Hollande & s'y fabrique,& que les Manufactures de toiles ne font pas bien établies en Angleterre ; à l'égard du bœure & du fromage que les Hollandois pourroient y apporter de leur crû, l'Angleterre qui en produit abondamment, en refufe l'entrée à tout le monde : les Suedois & les Danois n'y font reçus qu'avec des planches, du chanvre, du cuivre, du fer, du Gaudron & autres denrées que l'Angleterre ne produit pas.

Les François ne font reçûs qu'avec du vin, de l'eau-de-vie, du fel, &c.

Par le fecond, aucuns vaiffeaux

Etrangers, ni même un Anglois ne peut apporter des draps ni autres étoffes de Fabriques Etrangeres, quoique la laine, les draps & les étoffes viennent du lieu dont est le vaisseau, parce que la réception de ces étoffes fabriquées en pays Etrangers pourroit nuire au débit de celles que l'on fabrique en Angleterre ; ce Royaume fournit & remplit toute l'Europe, & les autres parties de la terre.

Par le troisieme, les Etrangers ne peuvent vendre dans le Royaume les marchandises qu'ils y apportent, que dans les Ports & à bords de leurs vaisseaux, & ils ne peuvent les décharger & mettre à terre qu'ils ne les ayent vendus à des Anglois naturels, s'ils les vendoient à des Etrangers, & s'ils les mettoient à terre avant ou après les avoir vendues, elles feroient confifquées.

Par le quatriéme, le Maître du vaiffeau qui arrive dans un Port d'Angleterre avec des marchandi-fes qu'il a permiffion d'apporter, eft obligé avant de les décharger, d'en déclarer la quantité, la qualité & la valeur, avec le nom de celui qui les envoye & qui doit les rece-voir, & de repréfenter au Rece-veur de la Douane les factures, de lui faire les foumiffions par écrit, de remporter dans le même vaif-feau des marchandifes du crû & Fabrique d'Angleterre au moins pour la moitié de la valeur de cel-les qu'il a apportés, de lui donner caution d'y fatisfaire, & jufqu'à ce qu'il y ait fatisfait, fon vaiffeau ne peut fortir.

Par le cinquiéme, les Etrangers ne peuvent vendre eux-mêmes en

Angleterre les marchandiſes qu'ils y apportent, pas même dans les foires, ils ſont obligés de ſe ſervir du miniſtere d'un Négociant Anglois qu'ils nomment *Treducyon*, c'eſt-à-dire franc-bourgeois, ou Anglois naturel.

Par le ſixiéme, les marchandiſes étrangeres qui abordent dans un vaiſſeau Etranger, payent le double des droits que payent celles qui viennent par un vaiſſeau Anglois.

Par le ſeptiéme, les marchandiſes du crû & des Fabriques d'Angleterre qu'on embarque dans des vaiſſeaux Etrangers, payent auſſi double droit de ſortie, elles ne payeroient que le ſimple ſi elles ſortoient dans un vaiſſeau Anglois.

Par le huitieme, il eſt défendu ſous de groſſes peines, également aux Sujets , & aux Etrangers de faire fortir aucunes laines d'Angleterre foit du crû du Royaume , ou qui y auroit été apportée d'ailleurs , parce qu'on n'en peut trop avoir dans le pays pour les Manufactures qui y procurent un très gros profit.

Par le neuviéme , les vaiffeaux Etrangers n'y peuvent charger ni vin ni eau-de-vie pour les porter dans d'autres pays , fous aucun prétexte , ou pour mieux dire , il ne peut être chargé que de ce qui procede du crû & de la Fabrique d'Angleterre.

Par le dixiéme , il eft défendu à tous Marchands & à tous Maîtres de vaiffeaux Etrangers de tranfporter des matieres d'or & d'argent , des perles ou piererries fous peines de confifcation ; ils doivent & ils font forcés d'employer la valeur de ce qu'ils ont déchargé , en marchandifes du crû & de la Fabrique d'Angleterre.

Par le onziéme, il eſt défendu auſſi ſous peine de confiſcation, également aux Sujets & aux Etrangers de fretter aucuns vaiſſeaux que ceux de la Nation pour tranſporter des marchandiſes ſous quelque prétexte que ce ſoit, à moins qu'on ne put trouver de vaiſſeaux Anglois pour faire ce tranſport.

Par le douziéme, il eſt défendu aux vaiſſeaux Etrangers de tranſporter des cornes hors de l'Angleterre ni aucune mercerie.

Par le treziéme, les Etrangers quoique naturaliſés en Angleterre, & *admis bourgeois* ſont ſujets aux droits & aux loix établies pour les Etrangers.

Par le quatorziéme, les Anglois naturels, mais naturaliſés en un autre pays, & devenus sujets d'une autre Puissance ; sont aussi sujets aux droits & aux loix établies pour les Etrangers.

Par le quinziéme, le harrang & tout autre poisson n'est reçu en Angleterre, que lorsqu'ils y sont apportés sur les vaisseaux de la Nation, la pêche des Etrangers y est défendue par quelques vaisseaux que ce soit, même ceux des Sujets.

Par le seiziéme, les seuls vaisseaux Anglois peuvent porter des marchandises dans les Isles de l'Amérique aux Colonies Angloises ; cela est interdit sous peine de confiscation aux vaisseaux Etrangers.

Par le dix-septieme, tous vaisseaux qui n'ont point été fabriqués en Angleterre sont censés Etrangers ; quand bien même ils appartiendroient à des Anglois naturels, l'on n'en excepte que ceux qui font pris en tems de guerre fur les ennemis.

Par le dix-huitiéme, les vaiffeaux Etrangers payent double ; les droits de *coquaw*, paffe - ports , congés & acquits à la Douane , & autres droits auxquels ils font ordinairement fujets à l'entrée & fortie des Ports ; mais les Sujets ne payent que le fimple.

Par le dix-neuviéme , la précaution des Anglois eft fi grande contre les Etrangers , que les Marchands d'une autre Nation qui s'établiffent en quelque lieu que ce foit de l'Angleterre , font exclus des emplois, des charges , des dignités ; ils font fujets aux droits d'*aubaine* qui a lieu dans le Royaume comme en France , & qui s'exerce avec plus d'attention & de rigueur ; car il s'étend même fur les enfans nés d'une mere Angloife, quoique nés en Angleterre, & comme ces enfans ne peuvent acheter des marchandifes, ni louer de maifons fous leurs noms pour y loger ; ils font tenus d'emprunter celui d'un Anglois naturel auquel il paye un droit.

Toutes les maximes que l'on vient de rapporter ont pris leur origine en France, elles y étoient autrefois obfervées ; il feroit avantageux à l'Etat, & aux Sujets qu'elles euffent été maintenues & qu'elles fuffent en vigueur, principalement contre ces rivaux de la Nation, les Anglois & les Hollandois. Voici quelques fraguemens de celles de France renouvellées par nos Rois de la troifiéme race.

Le 12 Janvier 1538, François I,

rappellant les anciennes Ordonnances, & en conformité de celles de Charles VIII, & de Louis XII, défendit à toutes perfonnes, fes Sujets & Etrangers, d'apporter vendre & acheter dans le Royaume & terres de fon obéiffance aucuns draps ni étoffes de laine de Fabriques Etrangeres fous peine de confifcation, & cela pour mieux faire valoir nos Manufactures.

Cette Ordonnance a été fuivie d'un grand nombres d'autres, Charles IX & Henri IV, en 1567, & en 1599, en firent publier de pareilles qui s'étendoient fur les toiles, fur les étoffes de foye, & fur celles d'or & d'argent, tapiffieries, harnois de chevaux, épée, &c. Louis XIII, ordonna la même chofe par fon Edit du 13 Juin 1627, & par fa Déclaration du premier

Fevrier 1629, article 427.

Le Roi Philippe IV, furnommé le Bel, avoit dans le même efprit défendu la fortie des laines de fes Etats, & des lieux de fon obéiffance fous peine de confifcation, de corps & de biens : on doit juger de-là que les Manufactures étoient dès lors très-confidérables en France, & que les étoffes de Fabriques Etrangeres y étoient prohibées.

En 1563, 1567 & 1572, Charles IX, défendit auffi la fortie des laines, auffi bien que du lin, du fil, de la filaffe & des drapeaux fervans à la Fabrique du papier, il étendit fes défenfes fur le fer par une autre Ordonnance de 1579, mais en même tems il permit d'en apporter des pays Etrangers, auffi bien que des foyes crues propres aux Manufactures.

Louis XIII, pour attirer les ouvriers Etrangers en France, accorda
en 1629, à ceux qui viendroient
travailler à nos Manufactures, les
mêmes priviléges qu'il avoit donné
aux Marchands, Sujets d'autres
Princes, qui fréquenteroient la foi-
re de Lyon, renonçant au droit de
leur succéder en faveur de leurs parens ; mais à la charge de ne pouvoir prendre que des apprentifs
François.

En 1504, Louis XII. renouvella une ancienne Ordonnance qui
défendoit également à ses Sujets,
& aux Etrangers de fretter aucuns
vaisseaux dans les Ports de ses Etats
pour transporter des marchandises,
à moins qu'il ne se trouva dans ces
Ports aucuns vaisseaux François
pour les embarquer.

Henri II. renouvella la même Ordonnance en 1550.

Charles IX en rendit une pareille le 8 Février 1567, elle fut même plus générale ; celles de Louis XII & d'Henri II, faisoient défenses de se servir de vaisseaux Etrangers, & n'en permettoient pas l'usage, que lorsqu'on n'en trouvoit pas de François ; mais Charles IX. défendit aux Etrangers indistinctement le chargement de toutes sortes de marchandises sans aucunes exceptions, sous peine de confiscation des vaisseaux, & de leur cargaison, dont la moitié applicable aux dénonciateurs : il déclaroit au surplus qu'il vouloit que les Etrangers fussent traités en France comme les François étoient & seroient traités à l'avenir dans les

Royaumes de Castille, de Portugal, d'Angleterre, &c.

Louis XIII renouvella par son Ordonnance du premier Fevrier 1629, art. 442, celle de Louis XII. & de Henri II.

L'on trouve une autre Ordonnance du Roi Henri III, du 15 Juin 1586, touchant les Etrangers, tirées des anciennes & notamment du Roi Jean pour la Ville de Paris, rendue en 1350, qui a beaucoup de rapport à ce qui s'est pratiqué depuis en Angleterre par cette Ordonnance. Il étoit défendu aux Marchands forains & Etrangers de décharger leurs marchandises en France pour les mettre en magazin ; elle vouloit s'ils abordoient dans le tems des foires , qu'elles fussent conduites directement du Port sur les lieux où se tenoient ces foires pour y être vendues , sans pouvoir en fortir que la vente n'en fut faite, que fi elles arrivoient hors les tems des foires, de les faire tranfporter dans les entrepôts pour lors établis dans les Villes mariti- mes, fans auffi pouvoir en fortir qu'après avoir été vendues, avec défenfes aux Hôteliers de les rece- voir, de les mettre chez eux en magazin, ou de preter leurs noms aux Etrangers pour en faciliter la vente directement ou indirecte- ment, à peine de confifcation des marchandifes & de cinq cens livres d'amende ; déclaroit les Etrangers privés de toutes les actions, pour en répéter le prix & les affujetif- foient, & ce conformément aux Ordonnances, à payer un droit d'un fol pour livre, dont les Hol- landois ont été déchargés fans compter la modération du tarif

réglé

réglé par l'article huitiéme du traité de Commerce lors de la paix
de Riſwick, qui leur eſt ſi avantageux, & ſi contraire au commerce
& à la navigation de France.

Tarif mentionné cy contre.

Droits ſuivan les Traités d 1669.		Qualité des marchandiſes ſuivant le Tarif.	Diminution accordée par la Paix d Riſwick.	
₶	ſ.		₶	ſ.
67	15	Baleine façonnée ..	9	
30		Les fanons dito ...	20	
8		La piéce de baracan·	5	
40		Peau de buf, élan & cerf	26	
12		Piéce de camelot...	8	
80		Piéce de drap	55	
30		Baril de fer blanc...	20	
12		Baril d'huile	7	10
		Savon	2	
15		Serges drapées ...	11	
4		Toiles d'Hollandes.	2	
303	15		165	10

Tome II. K

Ainſi des autres marchandiſes.

Les Hollandois avant la réduc-
tion du Tarif à la paix de
Riſwick, payoient . . . . . .

Ils n'ont payé depuis, que

La France à perdu . . . . . .

	₶	ſ.
Riſwick, payoient	303	15
Ils n'ont payé depuis, que	165	10
La France à perdu	138	5

OBSERVATION.

Si Louis XV, n'eut point préféré la clémence à ſes juſtes reſſenti-
mens & la paix à la victoire, il auroit
ôté aux Hollandois par le Traité
d'Aix-la-Chapelle l'exemption du
droit de fret, du ſol pour livre & il
auroit remis le tarif ſur le pied qu'il
étoit en 1667, exceſſivement modéré
par Louis XIV, lors de la paix de
Riſwick en 1699, dans des circonſ-
tances où ces Républicains ont pouſ-
ſé l'ingratitude à un tel excès, qu'il a
fallu autant de grandeur d'ame dans

un Potentat puiſſant, toujours en état de châtier, pour l'oublier.

Démonſtration du préjudice que le Ta-
rif accordé par la paix de Riſ-
wick a apporté à l'Etat.

On ſuppoſe que les Hollandois ayent fait entrer en France annuellement pour dix millions ſeulement de marchandiſes, qui ayent produit du fort au foible quinze pour cent, ſuivant le Tarif de 1667, ils auroient payé pour chaque année un million cinq cens mille li-

vres, cy 1500000

Ayant chargé en retour leurs vaiſſeaux en marchandiſes de France, ils auroient encore payé pour les mêmes droits & les mêmes va-

D'autre part 1500000

leurs un million cinq cens
mille livres , cy 1500000

Ainsi chaque année auroit
produit à l'Etat, sans y comprendre les cinquante sols
de fret par tonneaux 3000000

Mais comme la paix de Riswick
a modéré ces droits à deux tiers
de moins que le Tarif de 1667. La
France à perdu chaque année deux
millions ; & pendant cinquante-
cinq ans qui se sont écoulés depuis
cette paix de 1699 , jusqu'à la pré-
sente année 1755. Le total de la
perte suivant l'hipothese ci-dessus
est de cent dix millions, cy 110000000

A ces cens dix millions de perte
il faut ajouter ce que nos Marchands, Négocians , gens de mer
auroient gagnés à l'avantage de l'E-

tat, s'ils euffent tranfporté eux-mêmes nos denrées, & rapporté celles
que les Hollandois nous ont vendu
avec un gros profit, il eft aifé de voir,
fans trop avancer, que cette perte
fait un objet prefque auffi confidérable que le précédent.

Le Commerce & la Navigation
des François, ayant été interrom-
pus par une guerre de vingt-cinq
ans, il ne reftoit prefque plus de
vaiffeaux dans nos Ports, il falloit
néceffairement fe fervir de ceux
des Etrangers ; ce fut par cette raifon que Louis XIV, trouva à propos de lever les défenfes qui avoient
été faites aux Anglois, Hollandois,
& autres Navigateurs du Nord, de
fretter leurs navires fuivant l'Ordonnance du 20 Juin 1659, en
attendant que les Commerçans
François en euffent fait conftruire,

ou acheter suffisamment pour se passer de ceux des Etrangers ; mais cette Ordonnance fixoit un droit au profit du Roi de cinquante sols par tonneau de chaque vaisseaux Etrangers , qui chargeroient des marchandises dans les Ports du Royaume , dont ceux des Regnicoles seroient exempts ; ce droit est ce qu'on appelle fret , dont les Hollandois ont obtenu encore la décharge par un article séparé du Traité dont on vient de parler.

Comme la France produit beaucoup de sel, & qu'il est de son intérêt de s'en défaire, Louis XIII, en défendant de fretter les vaisseaux Etrangers pour transporter des marchandises hors du Royaume par son Ordonnance de 1629, en avoit excepté le sel.

C'est par cette raison que Francois I , par ſes Ordonnances de 1541. art. 3 1544, art. 80 , & 1545, art. 48 , fit défendre à ſes Sujets de tirer du ſel des autres Etats, pour le porter ailleurs , & aux Etrangers d'en apporter en aucun lieu de ſon obéiſſance.

Il y a une Ordonnance de l'Amiral de Montmorency de l'année 1623 , par laquelle il eſt défendu aux Marchands François d'entrer en ſociété avec les Hollandois, & d'acheter d'eux & des autres Etrangers des harangs , de la molue ou autres poiſſons, ſous peine de confiſcation & de punition corporelle; en ce tems les traités de 1608 & 1610 ſubſiſtoient avec la Hollande, il n'y avoit point de raiſon pour y contrevenir , & l'on ne croyoit pas ſans doute que cette Ordonnance y contrevint,

K iv

La Déclaration de Louis XIII, du 27 Juillet 1632, ne regarde pas à la vérité tous les Marchands ; mais on peut l'étendre fur les Etrangers, elle ordonnoit à tous Commerçans Arméniens qui apporteroient des marchandifes pour les vendre & débiter dans le Royaume, d'en employer le prix en achat de marchandifes du crû ou Fabrique de France ; & à cet effet de déclarer au Greffe de l'Amirauté du levant où ils aborderoient, la quantité, la qualité & valeur de celles qu'ils y apportoient & d'y faire leur foumiffion, fans pouvoir en remporter le prix en or, argent, perles ni pierreries, pas même en lettres de change.

Dans l'Ordonnance de Louis XIII, du premier Février 1629. Sa Majefté dit qu'étant averti que

les Etrangers se faisoient naturali-
ser dans son Royaume pour avoir
plus de facilité d'introduire des
marchandises Etrangeres, & d'y
faire le Commerce au préjudice de
ses Sujets ; ce que voulant empêcher, il défendoit à tous Etrangers
sans exception, naturalisés ou non,
d'être facteurs, ni commissionnaires,
qu'ils seroient tenus à cet effet de
se servir de naturels François, ou
de descendant de naturels François, tenant pour tel ceux qui
étoient nés de pere qui avoient ob-
tenus des lettres de naturalité, &
qui étoient décédés dans le Royaume.

Par l'article 415, de la même
Ordonnance, il défendoit aux
Marchands François de prêter leurs
noms & leurs marques aux Marchands forins ou Etrangers, pour

K v

les faire jouir des priviléges & des
libertés réservés aux naturels François sous peine d'amende arbitraires, d'être déchus de leurs franchi-
fes & de confifcation des marchandifes, applicable moitié aux dénonciateurs & moitié aux pauvres.

Comme Sa Majefté ne vouloit
rien obmettre pour engager fes
Sujets à faire le Commerce de la
mer : il déclaroit par l'art. 452,
que les Gentilshommes qui feroient
le Commerce par eux-mêmes ou
par des perfonnes interpofées, ne
dérogeroient point à leur Nobleffe,
nonobftant la difpofition des anciennes Ordonnances auxquels il
étoit dérogé à cet égard, pourvu
qu'ils ne vendiffent point en détail (a).

____

(a) Voyez la Nobleffe commerçante;

Il déclaroit que ceux qui n'é-
toient point nés Gentilshommes,
mais qui auroient entretenus pendant l'espace de cinq années un
vaisseaux de deux à trois cens tonneaux , qu'ils auroient fait conftruire dans le Royaume , jouiroient
des priviléges réservés à la Noblesse
tant qu'ils en continueroient l'entretien & qu'ils en feroient naviger ; que s'ils mouroient dans le
Commerce après l'avoir fait l'espace de quatre ans seulement , les
Veuves jouiroient des mêmes priviléges & des mêmes franchises
dont leurs maris jouissoient & même leurs enfans, si l'un d'eux con-
tinuoient le même Commerce, &

imprimée à Londres en 1756 , qui se trouve à Paris chez Duchêne.

K vj

l'entretien du vaisseau pendant dix années.

Il vouloit aussi que ceux qui feroient le Commerce de la mer en gros & sans aucun détail, fussent préférablement à tous autres élevés aux offices & dignités d'Echevins ou Consuls des Villes de leurs demeures, qu'ils pussent prendre en tous actes la qualité de Noble homme, & qu'en toute assemblée publique ils ayent leurs rangs & séance immédiatement après les Officiers de Justice des Siéges Royaux.

CHAPITRE XI.

Sur la Pêche.

LA Pêche fait une partie considérable du Commerce, & de la richesse d'Angleterre, ainsi que de la Hollande, ces Etats fournissent du poisson à l'Europe entiere ; pourquoi la France ne participe-t-elle pas à cet avantage, & pourquoi ne pêche-t-elle pas pour ses habitans ; enfin pourquoi achete-t-elle des Anglois & des Hollandois, ce qu'elle peut puiser dans la même source ? c'est ce qu'on examinera dans ce chapitre.

(a) Les Hollandois employent

____

(a) Voyez les Mémoires de Jean de

ordinairement à la pêche quatre mille vaisseaux , chaque vaisseau à environ douze hommes ; ce qui fait par conséquent quarante-huit mille Matelots , & peut être plus de cent mille autres personnes intéressées ou occupées à la pêche , les uns pour fournir des fonds , les autres à faire des filets , des hameçons , à apporter des appas , à faire des barils , à tanner les filets , à saler à pacquer & repacquer le poisson , à fabriquer les vaisseaux d'une construction particuliere à la pêche ; on n'aura pas de peine à croire qu'il y ait cette multitude d'employés , si l'on veut considérer 1°. La grande quantité de poisson qu'ils consoment chez eux : n'ayant point , pour

---

Wit , grand pensionnaire d'Hollande , imprimés à Ratisbonne en 1709. chap. IV.

ainsi dire, d'autre nourriture. 2°. Celle qu'ils débitent dans les autres pays de l'Europe & chez nous-mêmes.

De-là l'on peut concevoir quel avantage il y auroit pour la France d'établir la pêche, quelle quantité de Matelots elle occuperoit, & le grand nombre de personne qui subsisteroient par son moyen.

Les Anglois qui en font un des grands objets de leur Commerce, s'appercevant que la Hollande pouvoit par sa grande économie faire la pêche à moindre frais qu'eux ; & qu'en lui permettant d'apporter son poisson en Angleterre, elle pouvoit le donner à meilleur marché que les pêcheurs Anglois : ce qui les auroit absolument rebutés ; défendirent l'entrée de tous poissons de la pêche des Hollandois & de toutes autres Nations , comme le feul moyen de foutenir les Pêcheurs Regnicoles , & de ne point faire paffer leur argent en Hollande. Si depuis long-tems la France avoit fait la même chofe , nous aurions à préfent un grand nombre de Pêcheurs , & les Hollandois n'auroient pas retiré & ne retireroient plus tant de millions du Royaume , pour la quantité de poiffons qu'ils y apportent tous les ans.

Nous avons tenté d'établir l'équivalant de ce qu'ils profitent fur nous , par le moyen du repacage avec du fel de brouage auquel on vouloit les affujettir dans nos Ports ; mais par le Traité de Commerce avec la Hollande , on lui permet l'entrée de fon poiffon en France en payant feulement un droit très modique tel que payent les Pêcheurs François ; ainsi nous sommes tombés au même point que nous étions auparavant, au préjudice de l'Etat & du peuple ; car comment voudroit-on que nos Mariniers envoyent ou aillent pêcher, quand au lieu du profit qui peut les déterminer ; ils verront une perte certaine tant que les Hollandois qui peuvent faire la pêche à bien moins de frais qu'eux , par leur façon de vivre ; pourront débiter leur poisson chez nous à bien meilleur marché qu'il ne reviendroit à nos Pêcheurs; mais ce meilleur marché est doublement préjudiciable à l'Etat & au peuple ; à l'Etat, en ce qu'il en fait sortir l'argent ; au peuple, en ce qu'il le prive du travail & du gain que la pêche & tout ce qui y a rapport lui procureroit.

Outre l'avantage que les Hollandois tirent de leur économie, ne vivant que de poisson, de beurre, de fromage & de bierre. Ils en ont un autre très-considérable ; leur pêche est établie, ils ont un très-grand nombre de vaisseaux qui ne servent qu'à cet usage, quantité de filets toujours prêts, des Mariniers expérimentés qui n'ont aucun autre service ; les Marchands qui envoyent à la pêche ne fournissent que les vaisseaux, les barils pour mettre le poisson, & le sel pour saler ; ce qui ne revient qu'à cinq ou six cens écus ; les Matelots n'ont point de gages, *ils vont à la part*, ils se fournissent de vivres, de filets, le Marchand à la moitié de la pêche & les Matelots partagent l'autre moitié entre eux à proportion des filets qu'ils ont embarqués.

En France nous n'avons aucuns

vaisseaux propres à la pêche, ou très-peu & trop petits pour s'éloigner beaucoup de nos côtes, excepté ceux qui vont à la pêche de la molue en terre neuve ; peu de Mariniers entendu dans cet exercice faute d'habitude : car il y a bien de la différence de naviger pour la pêche, ou pour le transport des marchandises d'un lieu à un autre ; il faut pour la pêche un exercice particulier qui ne s'acquiert qu'avec le tems ; pour commencer il faut que le Marchand achete non-seulement le vaisseau, les agrès, le sel & les barils, les filets & autres ustanciles ; les vivres pour les Mariniers qu'il doit nourrir à ses dépens, sans être assuré de la réussite de la pêche, ainsi jusqu'à ce que les hommes de mer soient devenus capables, le Marchand François doit risquer environ six mille livres pour un vaisseau bien équippé, quoique le corps seul ne leur coûte guere plus de mille à douze cent livres ; mais le Marchand Hollandois ne risque que cinq à six cens écus ; si la pêche n'est pas heureuse, il ne perd que l'usage de son vaisseau, car il subsiste ainsi que les barils & le sel qui servent pour une autre pêche ; il n'est point obligé de payer ces Matelots pêcheurs, ni les vivres consomées, ni les filets qui ont été brisés ou perdus.

On répliquera que nos pêcheurs seront toujours à tems de s'engager à la part, comme font les pêcheurs Hollandois, j'en conviens mais pour le présent sont-ils en état de le faire ? ils n'entendent pas assez la pêche & ils n'ont pas le moyen d'acheter des

filets ni feulement des vivres. En
attendant qu'ils foient en état &
déterminés à rifquer leurs peines,
dans l'efpérance de trouver beaucoup plus de profit à la part qu'aux
gages, il faut que les Marchands
faffent toutes les avances ; mais
quelle apparence y a-t-il qu'ils les
faffent pour n'avoir aucuns profits,
tant que les Hollandois apporte-
ront leurs poiffons dans nos Ports,
qu'ils pourront le donner avec bénéfice à plus bas prix que les Marchands
François ? Qui fçait même fi les
Hollandois pour nous détourner
de la pêche qui diminueroit beaucoup le profit qu'ils tirent de nous,
ne donneroient pas leur poiffon
à perte, afin de ruiner & rebuter
nos Pêcheurs, les forcer d'abandonner leurs entreprifes, & enfuite

nous vendre ces denrées au double de leur valeur.

Ils ne feroient à cet égard que répéter la rufe dont ils fe font fervis pour fe rendre maître du poivre ; ils acheterent tout ce qu'ils en purent trouver au prix que les Indiens voulurent le leur vendre, & ils le jetterent dans la mer, imitant en cela le Laboureur qui jette fon grain dans la terre, pour en recueillir cent fois autant.

Si la réformation des Finances avoit lieu fuivant le projet, le Commerce devenant confidérable, les Commerçans s'enrichiroient & feroient des fociétés pour établir la pêche où ils trouveroient un grand profit, les Matelots par la grande habitude fe rendroient habiles, ils demanderoient à pêcher à la part.

Il ne faut que deux ou trois Commerçans entendus qui commen-
cent, pour donner de l'émulation
aux autres & quelques Matelots
hardis, pour en déterminer une
multitude, le profit fait mouvoir
les hommes (a).

(a) Voyez les élémens du Commerce,
imprimé à Leyde en 1754, chap. V. de la
Navigation page, 312 à 350.

CHAPITRE XII.

De l'économie des Hollandois & de leur dépense pour leur Commerce, qui tourne au profit de la République.

LEs Hollandois font moins de dépense en équipage & pour les vivres que les François, plus délicats fur la nourriture & moins fobres fur la boiffon ; cette dépenfe qui circule dans l'Etat n'eft pas fenfible ; mais les Commerçans Hollandois font obligés à des droits qui excédent de beaucoup, ce que la fobriété des hommes ménage.

Ils ne peuvent négocier fur la mer Baltique, en Mofcovie, &c. qu'en y tranfportant des marchandifes

difes ou denrées qu'ils achetent en France : il les vont prefque toujours entrepofer en Hollande , & enfuite ils les rechargent pour les faire paffer dans les Villes du Nord, à Arcangel & dans toute la Mofcovie : de forte qu'en payant en France les droits d'entrée & de fortie , pareils droits dans les Ports de la République , à laquelle ces droits produifent le plus grand revenu des Etats ; outre ces quadruples frais d'entrée , de fortie , de chargement, de déchargement, ils payent encore le courtage des vins & des eaux-de-vies entrepofées : de forte que ces droits & ces frais reviennent à vingt pour cent ; mais les François n'étant obligés de payer que les droits de fortie & d'entrée des marchandifes qu'ils tranfportent dans les Villes Anféatiques, dans le Nord & la Moscovie, & de celles qu'ils en rapportent. Il est d'une vérité incontestable que le Commerce doit plus profiter à nos Commerçans qu'aux Hollandois ; cette observation devroit redoubler l'ardeur de nos Négotians , & les engager à faire eux-mêmes ce qu'ils abandonnent aux Hollandois ; il est vrai que quelques François qui ne font que les facteurs & les commissionnaires des Etrangers, font de très-gros profits avec eux & qu'ils les aident à envahir tout notre Commerce, cette manœuvre est très-contraire au bien de l'Etat ; le particulier ne doit pas avoir de préférence sur le général , ainsi il est de la prudence du Gouvernement de remettre en vigueur les Ordonnances de nos Rois cy-devant rapportées.

CHAPITRE XIII.

Etablissement de Commissaires Généraux du Commerce.

IL conviendroit pour rétablir & conserver le Commerce de créer *des Commissaires Généraux* pour chaque Province à l'instar des Intendants de Justice, Police & Finance.

Ces Commissaires Généraux résideroient dans les principales Villes commerçantes, ils y seroient logés par le soin des Officiers principaux.

Ils se transporteroient chaque année dans les Villes de leurs départemens, suivant les ordres qu'ils recevroient du Conseil ; ils

assembleroient les Commerçans ;
examineroient l'état du Commerce du lieu, leurs vues, leurs fonds,
leurs entreprises & les découver-
tes des artistes, les abus qui s'y
commettent, les moyens d'y remédier & tout ce qui seroit convenable
de faire pour l'augmenter.

Ils s'instruiroient du génie, de
l'industrie des habitans pour les faire
valoir, de l'état des Manufactures,
des moyens d'augmenter celles
établies, & d'en établir de nouvel-
les si elles étoient convenables, si
les eaux sont propres ou non aux
teintures.

Ils entreroient en connoissance
de tout ce que le pays produit, ou
peut produire selon la qualité du
terroir ; quelle quantité & qualité
de denrées & marchandises les
habitans consoment chaque an-

née, s'ils se contentent de ce que
leur crû produit, ou s'ils ont recours à leurs voisins ou à l'Etranger ; de quelle espece sont les marchandises & pour quelle somme ils
en tirent chaque année , s'il est
possible de les en pourvoir du crû
du Royaume.

Ils chercheroient le moyen de
rendre les denrées qui croissent
dans le pays plus abondantes pour
les transporter ailleurs , soit en
France ou dans les pays Etrangers,
afin que l'Etat & les habitans puissent en profiter ; ils sçauroient
quelle quantité d'arpent contient
le pays & à quel usage on les em-
ploye ? s'il y en a d'inutiles & pourquoi ; si le terroir est propre à produire du lin, du chanvre, du bétail, leur espece & leur nombre ;
s'il y a des mouches à miel, des

muriers, & fi le degré de tempé-
rature convient pour élever des
vers-à-foye.

Si l'on peut augmenter le nombre des moutons, quelle eſt la qualité de la laine, à quel uſage les Manufactures peuvent l'employer ; fi
on la conſome dans le pays ou fi on
l'envoye ailleurs ; fi les habitans la
façonnent eux - mêmes ; combien
le pays produit de chevaux & de
gros bétail, s'il y a des foires, depuis
quand & à quel tems on les tient ;
fi elles font établies feulement pour
quelques marchandiſes particulieres ou pour pluſieurs ; fi les Marchands Etrangers s'y rendent ou
feulement les Regnicoles ; combien
il y a d'arpens de bois en coupe
chaque année pour l'uſage des habitans ou des lieux voiſins, combien de chênes ou de bois d'une autre nature propres à la conſtruction

des maiſons ou des navires , & s'il
y a des fleuves ou des rivieres navigables , où elles prennent leur ſour-
ces & où elles ſe déchargent ; ſi ces
rivieres ſont poiſſonneuſes, ſi n'é-
tant pas navigables , comment on
pourroit les rendre telles ſans in-
commoder les habitans, ni occa-
ſionner trop de dépenſes pour l'E-
tat.

Combien d'arpens de terres en
vignes, en labours, en prés dont
on puiſſe augmenter ou faire trouver quelques nouveaux profits aux
habitans ; ſi le tranſport des marchandiſes ſe fait par eau ou par
terre, avec chariots, charettes ou
bêtes de charges ; quelles quantité
de ces voitures y ſont employées,
combien il y a de batteaux, leurs
grandeurs, s'il y a des vaiſſeaux de
mer & leur port, ſoit pour naviger

de Provinces en Provinces fur les côtes du Royaume , ou dans les pays Etrangers , s'ils ont du canon , combien il leur faut d'hommes d'équipages , & ce qu'il en coûte aux Marchands étant en mer ; s'il y en a pour la pêche , combien il y a de Maître de vaiffeaux , de Pilotes, de Charpentiers, de Mariniers ; s'ils font expérimentés pour les voyages de long cours ou pour naviger feulement dans le Levant ou dans le Ponant ; s'il y a des écoles pour la navigation & pour les canoniers ; qui eft-ce qui paye & entretient les Maîtres d'Hidrographie,& qui donne le prix pour le canon ; s'il y a des corderies établies ou non , fi l'on peut en établir , fi l'on tire le cordage du Royaume ou des pays Etrangers, & la même inquifition pour ce qui regarde les voiles, les

āncres , & les autres agrais des vaiſſeaux Marchands & Négocians : de
toutes ces connoiſſances il ſeroit ré-
digé un mémoire , les Commiſſaires feroient auſſi l'état des différens
arts & metiers , remarqueroient
ceux qui excellent ſur les autres ,
la quantité des Maîtres les plus habiles, celle des ouvriers qui travaillent ſous eux ; ils engageroient les
Maîtres de recevoir entr'eux toutes les années pour apprentif un
certain nombre de pauvres garçons,
ils en feroient de même pour les
metiers propres aux pauvres filles.

Ils feroient un autre état conte-
nant les bleds & autres grains que
le pays produit annuellement, de
la quantité qu'en conſoment les habitans pour leurs ſubſiſtances, ſe-
mences & nourriture du bétail; quel
eſt l'excédent de la conſommation ,

le commerce qu'ils font du furplus ;
fi au contraire le terroir n'en produit pas fuffifamment , ils noteront
les lieux d'où les peuples les tirent.

Enfin ils feroient un autre état
des noms des Marchands , expli-
queroient leurs commerce s'ils né-
gocient dans le Royaume ou dans
les pays Etrangers ; ceux qui travaillent pour leurs comptes, ou qui
ne font que facteurs & Commiffion-
naires, remarquant particulierement
s'ils agiffent pour les Etrangers ou
pour les François ; & ceux qui font
les plus capables & les plus expérimentés.

De ce mémoire & état particulier, il en feroit formé de généraux
de tous les départemens que les
Commiffaires envoyeroient à la
Cour , ce qui donneroit au Roi &
au Confeil une jufte idée de la fi-

tuation du Royaume , au moyen
de quoi Sa Majesté envoyeroit ses
ordres pour maintenir , établir ,
augmenter & perfectionner le commerce ; le bonheur & la richesse
des habitans, conséquemment celles de l'Etat & du Souverain ; &
l'exécution en seroit suivie par ces
Commissaires Généraux qui donneroient annuellement avis du progrès de l'exécution ou des difficultés , & des remédes qu'il conviendroit y apporter.

De deux ans en deux ans , le
Commissaire convoqueroit dans
la principale Ville de son départe-
ment, une assemblée de deux Députés de chaque Villes qui en dépendent , élus à la pluralité des voix
par les Corps de Marchands, Arts
& Metiers , sous l'autorité des Mai-
res , Echevins ou Jurats , choisis

dans les plus experts & les plus au
fait du Commerce & des Manufactures : après que l'Intendant Général auroit ouvert la séance par
un discours sur l'avantage du Commerce & des Manufactures , les
défauts qu'il conviendroit de cor-
riger & les moyens de l'augmenter ;
il entreroit dans le détail de ce que
sa sagacité lui auroit fait découvrir ;
proposeroit les voyes qu'il croiroit
convenables , & demanderoit aux
Députés leurs avis, les engageroit
avec affabilité de les donner libre-
ment les uns après les autres , sur
les choses qu'ils croiroient les plus
propres à procurer le bien général
des Manufactures & du Commerce , dont il seroit dressé un procès-
verbal pour être envoyé à la Cour :
on recevroit aussi dans cette assemblée toutes les plaintes des Mar-

chands , elles y feroient examinées ;
fi elles étoient juftes & raifonna-
bles , le Commiffaire Général après
avoir donné fon avis , les adrefferoit
au Miniftre pour y être ftatué.

Il conviendroit que les Commis
chargés de la vifite des marchandifes & de la réception des droits
d'entrée & de fortie du Royaume
par mer & par terre, communiquaf-
fent aux Commiffaires Généraux
leurs regiftres toutes fois & quant
ils le jugeroient à propos afin qu'ils
puiffent prendre connoiffance de
toutes les marchandifes & denrées
qui fortent du Royaume & de celles
qui y entrent, en former un état
qu'ils envoyeroient au Confeil,
afin qu'au moyen de la réunion
de femblables états de tous les
départemens , le Roi put voir
d'un coup d'œil, fi les Etrangers

tirent plus de fon Royaume que le
Royaume ne tire d'eux ; fi leur argent y entre en plus grande quantité que le notre n'en fort, & trouver les moyens de faire pan-
cher la balance en notre faveur,
en leur fourniffant plus de denrées
(qu'ils foldent en efpece) que nous
n'en tirons d'eux, augmenter &
conferver l'or & l'argent dans le
Royaume.

L'affemblée dont on vient de
parler doit porter une grande attention à maintenir le crédit des
Marchands & Négocians, qui font
toujours un Commerce audeffus de
la valeur de leurs biens réels, rien
n'eft plus capable de mettre le dé-
fordre dans les affaires, de faire
perdre le crédit & d'occafionner
plufieurs banqueroutes par une feu-
le lettre de change proteftée ; fou-

vent cela n'arrive que par le défaut
de payement qui doit être fait au
jour préfixe, & le commerçant le plus
riche & le plus accrédité, seroit réduit à cette fâcheuse extrémité, si
ceux qui lui doivent aussi à pareil jour
préfixe, manquoient de le payer; parce que le commerce ne roule que sur
une circulation exacte d'entrée & de
sortie du même fond, qui dans un
même jour peut passer en un grand
nombre de mains ; c'est pourquoi
le Conseil ne sçauroit mieux faire
que d'ordonner de nouveaux aux
Juges de décider par préférence &
dans l'instant les causes des Marchands, Commerçans & Banquiers,
qui sont portées devant eux & qu'a-
vant aucune discussion, ils con-
damnent provisionellement le dé-
fendeur sur la simple représentation
de sa signature non contestee, à la
caution juratoire du demandeur ;

l'exécution de cette Ordonnance
doit faire un point capital du Commiffaire Général, & dans fon dif-
cours à l'affemblée, il doit extrêmement infifter fur la néceffité de
n'y point contrevenir; il doit veiller à ce que les Juges l'exécutent
avec la derniere rigidité.

Les Commiffaires Généraux examineront les Réglemens & Statuts
de tous les Corps des Marchands,
Arts & Metiers, ils s'informeront
fi on les exécute exactement, s'il
n'y a rien de plus utiles pour la fûreté publique à y ajouter ou changer : à cet effet, ils affembleroient
les Maîtres de chaque Metiers, &
les en feroient convenir s'il étoit
poffible, finon ils en informeroient
le Confeil pour qu'il y foit pourvû. Ils examineront avec une extrême attention, fi les Réglemens
faits par Sa Majefté pour les Ma-

nufactures touchant la qualité & la largeur des étoffes font exécutés, finon ils les feront exécuter felon leur forme & teneur, & ils donneroient avis au Confeil de tout ce que les Maîtres & ouvriers leurs reprefenteroient à cet égard, y joignant leurs avis.

Tous les Réglemens, Ordonnances & Arrêts du Confeil concernant la manutention du Commerce, Arts & Metiers feroient addreffés aux Commiffaires Généraux pour les faire exécuter ; mais ils ne pourroient connoître de ce qui auroit rapport à la Finance, Juftice & Police, finon en ce qui concerneroit cette manutention, l'infpection fur les Juges Confuls & autres, en ce qui toucheroit l'exécution de l'Ordonnance, de l'exactitude des payemens & dont

on vient de parler, pour la con-
damnation proviſionnelle des dé-
biteurs de billets ou lettres de
change.

Le Conſeil pourroit appeller à
la ſuite de la Cour, les Commiſſaires Généraux pour rendre compte
chaque année de vive voix de tout
ce qui regarderoit leurs départemens reſpectifs.

Il ſemble qu'il ſeroit encore néceſſaire d'augmenter les pouvoirs
& les fonctions des Intendans du
Commerce conformément à ce
plan, & qu'il convient qu'ils fiſ-
ſent à l'égard des Commiſſaires Généraux ce que font les Intendans
des Finances, à l'égard des Commiſſaires départis dans les Provinces, pour la Police, Juſtice & Finance, c'eſt-à-dire, qu'ils fuſſent
chargés d'examiner ces mémoires

& états, les projets , les lettres &
autres inftrumens relatifs au Commerce pour en faire le rapport au
Confeil.

Il fuit évidemment de ce qui
vient d'être dit dans cette quatriéme Partie que notre Commerce
l'emporteroit de beaucoup fur celui de nos voifins , fi le Roi en ordonnoit l'exécution , que le Royaume deviendroit très-puiffant , que
le Souverain auroit d'immenfes richeffes dans fes Etats , un peuple
nombreux & opulent, que nos Manufactures feroient tomber celles
des Etrangers , parce que les denrées qui s'y fabriqueroient , étant
du crû & non fujetes aux droits
d'entrée & de fortie & de tranfport des autres Etats feroient à
meilleurs compte , & nos Négocians faifant eux-mêmes le débit

des étoffes, des vins, des eaux-de-
vies, du sel & des fruits, &c. par
toute la terre, rapporteroient tout
le profit en France, l'Etat & le
peuple en seroient plus riches, & en
suivant pareillement ce qui est dé-
taillé dans les premieres parties du
projet, les revenus du Roi se trouveroient de beaucoup augmentés, nos
Colonies bien soutenues, & le Souverain ne pensant qu'à conserver un
si grand & si fertile Empire, toujours en paix parce qu'il ne crain-
droit, ni n'attaqueroit ses voisins;
qu'il seroit redoutable par une marine complette & une multitude
de soldats, des frontieres bien for-
tifiées, une Police universelle bien
observée, que l'on ne verroit plus
d'insolens Financiers ruiner son peuple, plus de Moines à charge à la société, le Clergé rentré dans la régle

évangélique, les campagnes bien réglées pour le spirituel, par un grand nombre de Prêtres disciplinés, la jeuneſſe inſtruite, les pauvres ſoulagés, les terres incultes miſes en valeur, les habitations détruites relevée; enfin Louis XV. conſervé par la providence pendant vingt luſtres pour édifier & conſolider ce Projet; tels ſont les vœux ſinceres du plus zélé, du plus fidéle & du plus véridique de ſes Sujets.

REMARQUES.

Concernant la langueur des Procès & Chicanne.

L'auteur avoit fait une cinquiéme Partie à ſon Ouvrage, concernant l'adminiſtration de la Juſtice & l'abolition de l'affreuſe chicanne, qui éterniſe les procès, ruine les familles les plus opulentes & fomente des discussions & des inimitiés qui trouble la société civile, mais l'éditeur ayant eu connoissance du Code Frederic (*a*), qu'il a lû avec attention, a jugé à propos de supprimer cette cinquiéme Partie ; parce que ce *Code* qui est entre les mains de tout le monde & qui semble avoir été dicté par *Themis* même, renferme un détail parfait de tout ce qu'on peut penser & dire sur cette matiere, & qu'il n'y a que quelques modifications à faire pour le conformer aux maximes de la France.

L'éditeur à crû néanmoins devoir rapporter deux observations,

---

(*a*) Ce nouveau droit à déja été adopté par plusieurs Puissances de l'Europe, ne suivrons nous pas leur exemple ?

qui prouve la nécessité de rendre la jurisprudence uniforme.

La premiere regarde la suppres-sion des différends degrés de Jus-tice subalterne, dont un seul fait suffit pour décider sur l'abus géné-ral.

Une paysanne à laquelle un La-boureur devoit douze livres pour des journées de moissons, ne pou-vant être payé, le fit assigner à la Justice de son Village, le Labou-reur y fut condamné à payer & aux dépens : sur l'appel qu'il fit à une autre Justice, dont cette premiere releve, la Sentence fut confirmée, deuxiéme appel à un autre Siége encore supérieur à ce dernier, nou-velle Sentence confirmative : enfin sur une troisiéme appel au Présidial de *** où les Juges sont éclairés & attentifs à suivre les Ordonnan-

ces ; cette fille n'ayant point de re-
connoiſſance par écrit, le ſerment
ayant été référé au débiteur, il a
affirmé ne rien devoir, ainſi cette
malheureuſe perdit ſon procès faute de preuve par écrit, & cela par
la mauvaiſe foi de ce Laboureur,
& l'ignorance des trois premiers
Juges ſubalternes ? Outre ſon ſalai-
re il lui en a coûté cent cinq livres
de frais ; ce qui a fait qu'elle s'eſt
noyé de déſeſpoir.

Il y a eu au même Préſidial un
procès de même nature, pour lequel il ne s'agiſſoit que de neuf livres de principal, qui a coûté à un
Gentilhomme 1800 livres.

La ſeconde obſervation regarde les Procureurs, gens auſſi impi-
toyables que les Maltotiers, l'Auteur prouvoit dans ſa cinquiéme Partie que la chicanne doit ſon origine
à

à la création des Procureurs, qui n'étoient cy-devant que les simples copiſtes des Avocats ; mais qui depuis ont été autoriſés, comme titulaires d'offices, à rédiger les procédures, qu'ils ont ſçu par de captieuſes formalités multipliées, augmenter les détours du dédale de la chicanne, éterniſer les procès, & augmenter les frais à leur profit, par des fatras d'écritures, des ſignifications, des copies de titres, des avenirs ſouvent réitérés, qu'ils connoiſſent être inutiles : & par ces moyens s'enrichiſſent aux dépens des plaideurs, obligés de ſe ſervir d'eux. Il rapportoit un fait étonnant que voici :

Les ſieurs Thevenot & Perin de Boiſſieux, de Paris, avoient un compte à régler avec leur caiſſier. Ils étoient en conteſtation pour

une fomme de cinquante - huit livres feulement , cette bagatelle
ayant échauffé les efprits , ils s'en
remirent à leurs Procureurs , qui
loin de les accommoder , s'enten-
dirent pour les aigrir & les engage-
rent dans une chicanne monftrueu-
fe. L'attaque commença en 1714,
& ces deux fuppôts de l'iniquité ont
perpétué leur procédure jufqu'en
1735 , enfin il intervint un jugement fur les différentes productions de quatre - vingt - dix facs de
paperace ; ce Jugement a alloué ,
les cinquante-huit livres au Caiffier;
mais la victoire lui coûta plus de
fept mille livres de faux frais fans
les démarches & les inquiétudes, &
les fieurs Thevenot & Perin de
Boiffieux pour avoir mal à-propos
contefté , ont payé ces 58 livres
& plus de 12000 livres de dépens.

Le Procureur du Demandeur nommé Fournier, a laiſſé à ſa ſucceſſion plus de cinq cens mille livres, & celui des défendeurs appellé Socquet, vient de mourir revêtu d'une Charge de Secrétaire du Roi, & laiſſe plus de vingt mille livres de rente?

Que revient-il aux créanciers & ſucceſſeurs des perſonnes dont les terres & les biens ſont ſaiſis réelment; à peine ont-ils de quoi payer les frais de procédures qui ſe perpétuent juſqu'à la troiſiéme génération par l'habileté des Procureurs, & des ſolliciteurs de procès qui s'entendent avec eux.

L'auteur avoit de plus prouvé l'avantage pour l'Etat de refondre toutes les Coutumes écrites ou locales; comme auſſi de réduire pareillement les différents poids au marc ou à la livre de seize onces, les boisseaux; septiers & autres mesures au boisseau, septier & mesure de Paris; les muids, demi muid ou quart de muid, la pinte & ses parties de même, la corde de bois & la voye, à une seule mesure.

Il avoit prouvé l'abus où l'on étoit de croire que ces variétés étoient avantageuses au Commerce; & que cette réforme éviteroit bien des procès & des difficultés dans le Commerce occasionnés par ces différences de poids & mesures; le vendeur & l'acheteur (remarque-t-il) savent comparer; & ces variétés ne sont que des piéges pour surprendre les simples qui ne sçavent pas calculer.

F I N.